明治日本はアメリカから何を学んだのか

米国留学生と『坂の上の雲』の時代

小川原正道

文春新書
1334

明治日本はアメリカから何を学んだのか◎目次

プロローグ

イエール大学創立二百周年記念式典

一九〇一年（明治三十四年）、アメリカを代表する名門大学のひとつであるイエール大学は、創立二百周年を迎えた。これを記念して十月二十三日、同大学で創立二百周年記念式典が執り行われ、日本からは伊藤博文《ひろぶみ》（前首相）と鳩山和夫（前衆議院議長）が法学博士（LL.D.）の学位を授与された。伊藤は都筑馨六《つづきけいろく》、小山善《ぜん》、古谷久綱《ひさつな》、時岡茂弘などを従えて臨席し、やはり法学博士号を授与されたセオドア・ローズヴェルト大統領をはじめ、各国・各州の代表者約二百五十名、その他約一千二百名が列席したという。

イエール大学側の記録によると、伊藤への法学博士号授与の理由は、次のようなものであった。

侯爵伊藤博文——列強の中では我が国よりも若いながら、我が文明よりも数世紀も古い文明を誇る国の第一人者である貴下に、始まったばかりの今世紀において文明を世界中に広める事業の盟友として、法学博士の学位を授与し、これに付随する権利と特権を与える。

日本を代表する政治家である伊藤を、台頭する自国の新世紀における「盟友」として認め、その過去の栄光以上に、「文明」の普及という未来の事業への展望を託しての授与であった。

これまで、明治後期の伊藤のアメリカ体験は、欧州へ赴く際の通過点としかみられておらず、そのアメリカ観も、イギリスやドイツからの影響に比して、地味な印象で語られてきた。以下、伊藤にとって通過点ではなく、アメリカがひとつの到着点であった点について、論じていきたい。

アメリカで注目を浴びた伊藤

長州藩で吉田松陰《しょういん》の教えを受け、幕末に尊王攘夷運動に参加した伊藤は、イギリスに密航留学して開国派となり、明治維新後は一貫して政府の中枢に位置した。以後、欧米体験を重ねながら、憲法制定、帝国議会開会、帝国大学開設、宮中制度整備、華族制度制定といった諸改革を主導し、「文明国」の樹立を目指して、明治国家形成に取り組んだ。そのことを考慮すれば、イエールの授与理由との「共鳴」は、無視できない。また、渡米中の伊藤の動静はアメリカの主要紙に大きく取り上げられており、そこでの伊藤の発言内容や活動ぶりは、当時のアメリカ人の大いに注目するところであった。

　事実、伊藤自身、この授与を機会に、アメリカとのコネクションを深化させようとしていたようであり、『東京朝日新聞』（一九〇一年九月十一日付朝刊）は、伊藤の渡米目的は名誉博士号を受けることにあるとされているが、「其重《そのおも》なるものは米国経済界の視察に在るが如《ごと》し」として、これはアメリカにおける外債募集の必要を感じた伊藤が、そのための経済界視察を試みたものであり、井上馨《かおる》もこれを「慫慂《しょうよう》」し、桂太郎首相も「懇請」して、都筑が随行したのも井上の提案によるものだと報じている。伊藤がアメリカに到着した際に『読売新聞』（一九〇一年十月二日付朝刊）も「伊藤侯の米国行ハ最初より外資問題関係ある如く思はれしが近頃に至りて愈々《いよいよ》其確説を聞く事を得たり」として、「今回伊藤侯にハ愈々米国に到着したれバ晩《おそ》くも本月下旬までにハ其《その》交渉纏《まとま》るべし」と伝えている。伊藤の渡米を後押しした背景に外債募集問題があったことは、まちがいあるまい。

　なお、伊藤に随行した都筑馨六は井上馨の女婿で、欧米経験豊富な外務官僚・内務官僚であり、当時は外務次官から転じて貴族院議員の任にあった。井上は九月八日付の伊藤宛書簡で、「都筑の随行云々《うんぬん》は実に御同意仕候」と述べており（伊藤博文関係文書研究会編『伊藤博文関係文書』一）、『東京朝日新聞』の報道のように井上の提案により都筑が随行したというより、都筑随行という伊藤の提案に井上が同意したもののようである。いずれにせよ、都筑は渡米後、伊藤のスポークスマンとしての役割を果たしていくことになる。

伊藤之雄《ゆきお》氏の研究によると、伊藤は日清戦争後、朝鮮半島への勢力拡大をはかるロシアに対し、日露協商の路線を取ったという。中国で蜂起した義和団を鎮圧するため、日本はロシアやイギリス、フランス、アメリカ、イタリア、ドイツ、オーストリアと共に共同出兵したが、事件収束後もロシアは満洲に勢力を温存し、朝鮮半島に対しても進出を画策するようになる。このため、第四次伊藤内閣（一九〇〇年十月十九日―一九〇一年六月二日）では、その撤兵が懸案となっていた。ロシアの満洲占領を黙認すれば、これが朝鮮半島支配につながり、日本の自衛上の危険が生じると見た日本政府は、日露協商路線で緊張を緩和するか、英国などと同盟してロシアに対抗するかの選択を迫られ、伊藤や井上は前者の路線に期待することになる。

一方、伊藤渡米の直前、一九〇一年六月二日に成立した第一次桂太郎内閣や山県有朋《やまがたありとも》は後者の路線を取った。そんななか、イエール大学創立二百周年記念式典で各国の有力者に名誉博士号が贈られることとなり、日本からは伊藤がそれに選ばれて招待される。すでに体調を崩していた伊藤は、快適な船旅で健康を回復することもかねてアメリカに漫遊することを決めた。井上と桂は、伊藤を訪ねて、むしろロシアを訪問して首脳会談を行うことを勧め、この結果、伊藤はアメリカから欧州に入ってロシアに行き、外交と外債募集を目指すこととなった。桂の意図は、この旅行目的を外債募集に限定し、財政難を克服することにあったという。かくして伊藤はアメリカを経由して欧州に入り、ロシア皇帝ニコライ二世に謁見、日露協商についてラムズドルフ外相などと会談し、好感触を得た。しかし、同時並行で日英同盟交渉を進めていた桂首相からの電報で、交渉は中止を余儀なくされた。

伊藤と山県、それぞれの思惑

伊藤の欧米旅行の意図は、イエール大学での名誉博士号授与を契機とした健康回復にあり、井上の意図は、日露協商会談にあり、桂の意図は、これを外債募集に限定することにあった。もっとも、伊藤自身は日露協商論者であり、表向きは健康回復といいつつも、井上と同様、この外遊を通して日英同盟派を牽制して日露協商交渉を進めることを目的としていた。桂はその裏をかいて日英同盟締結を進めていったのである。

その結果、伊藤はアメリカから欧州、ロシアに渡り、外交交渉と外債募集の両路線を取ることとなる。こうした各自の思惑のズレを象徴するように、桂が三田の私邸で開催した送別会の席で、伊藤、山県による激論が戦わされることになる。伊藤は、ロシアが自分の要望を容れるのであれば政府の決意は如何《いかん》と問い、これに山県が独断専行は許されず、外交交渉は政府の承認を必要とすると釘を刺し、桂もこれに同意する口吻《こうふん》をみせた。伊藤は不満の色をみせて旅行を中止するといいだし、井上が仲裁に入って事を収めたという。

翌日に元老、閣僚などが出席した桂主催の別の送別会でも、「内閣諸公益々国家の為に尽瘁して無事和平を図られんことを希望せざるを得ず」（傍点原文）と述べ、自宅でロシア公使との会談も持つなど（『東京日日新聞』一九〇一年九月十六日付東京号外）、伊藤はあくまで桂をはじめとする日英同盟派を牽制して日露協商交渉に臨む意欲を持ち続けていた。

先述の報道にあるように、伊藤の渡米に外債募集の期待がかけられていたことは事実だが、伊藤自身は桂からの協力要請を受けながらも、その外債募集に対して積極的であったわけではなく、これが失敗した際の責任を内閣と共に負うことを避けようと考えていたという。事実、伊藤はその渡米目的が外債募集にあると報道されながらも、アメリカでこれに着手した時間はごくわずかであった。

こうして明治政府上層部の思惑がまとまらないなかで、伊藤は、九月十八日に日本を発ってアメリカに向かった。

瀧井一博氏は、伊藤にとっての「模範国」が、ドイツ、イギリスだけでなく、アメリカであったことを論証し、伊藤が制度に魅了されるきっかけを与えたのが幕末、明治初期以来のアメリカとの接触であったとしている。そこから漸進《ぜんしん》的な進化主義と立憲主義を学んだ伊藤は、一八九七年に至っても、アメリカを例に出して同一国家が同一民族によって構成されるものではなく、国家を国家（とりわけ民主国家）たらしめるのは制度だと考えていた、と指摘している。

「ワンダフル、ワンダフル」

十月二日に蒸気船でカナダのブリティッシュコロンビア州ビクトリアに到着した伊藤は、『ニューヨーク・タイムズ』のインタビューに応じ、「日本における政治情勢は急速に、望ましくかつ安定的な状態に近づいており、政友会はまだ発展途上にあるものの、新旧の勢力によって構成され、しっかりと形ができあがってきている」と、日本の政治情勢と立憲政友会（一九〇〇年、伊藤を総裁として成立）について好調ぶりをアピールし、「改正条約はすでに効果的に運用されており、発効日から前進しはじめている」と二年前の改正条約・内地雑居実施も順調に進んでいると述べた。対外関係においても、「日本は現在、すべての国々と良好な関係にあり、ロシアとの関係も同様で、軋轢《あつれき》の原因となる問題は存在していない」と強調している（十月三日付）。

　日本の政治情勢が安定化し、自らの政党も組織化され、対外関係も順調に進展していると説くことで、漸進的進化主義・立憲主義の「模範国」に近づいていることを、「模範国」自身にアピールしたかったのであろう。伊藤が日露協商を模索していたことはすでに述べたが、この段階でも、おそらく意図的に、日本とロシアとの対立という構図を打ち消そうとしている。

　『ニューヨーク・トリビューン』でのコメントでも、伊藤は今回の渡米について、非公式訪問であり、「渡米の最大の目的は健康の回復にある」としつつ、「アメリカの貿易関連事項や日米貿易について、それが日本にいかなる利益をもたらすのかを視察するためである」と述べ、さらに「日本の発展にとってより重要な事項は、現在のロシアの態度である。ロシアは公平で自由な姿勢を見せており、友好的な日露関係が急速に固められてきている」と、ロシアとの友好関係を強調している（十月九日付）。

この後伊藤は、シカゴで視察を行った。ただ、すでに述べたとおり伊藤は体調を崩しており、これが急激に悪化して、滞在中のスケジュールもキャンセルせざるを得ず、一時は帰国も検討されるほどに陥った（『ワシントン・ポスト』一九〇一年十月十一日付、『ボストン・デイリー・グローブ』一九〇一年十月十一日付、『ロサンゼルス・タイムズ』一九〇一年十月十一日付）。何とか体調は持ち直し、『シカゴ・デイリー・トリビューン』によると、十月十一日午後に食肉解体・処理・販売地区として知られるユニオン・ストック・ヤードを視察した伊藤は、その施設に非常に感激して「ワンダフル、ワンダフル」と繰り返し、日本の同様の施設は「この規模には到底及ばないことがわかった」と語ったが、疲れが見えてきたところで視察を切り上げたという。夜は藤田敏郎領事主催のバンケットに出席し、日米からの出席者はそれぞれ、多年にわたる伊藤の功績を称えたという（十月十二日付）。

伊藤、ローズヴェルトの会談

伊藤はさらに足を延ばし、ワシントンDCに赴いている。『ワシントン・ポスト』は、伊藤は列車でペンシルベニアを経て十月二十日にワシントンDCに到着し、大統領や国務省を訪問して、ニューヨークに移動し、イエール大学での博士号授与を経て、渡欧する予定だと伝えている。伊藤はそれまで新聞記者の取材に応えていたが、体調不良のため、医師も常に健康状態に気を配っている状況であり、今回は新聞記者からの直接の取材は断り、代わりに、「彼の公式的発言を許された」都筑が同紙の取材に応じて、次のように語ったという。

「私は実際のところ、日本が他国とともに中国への植民（settlement）に加わるかどうかについて発言することはできない。我が国が他国との間で議定書を締結したことは承知しているが、将来現実に何が起こるかはわからないし、中国は日本と新たな貿易条約を締結しなければならないかもしれない。侯爵は、この問題についての質問や要望に応えることはできない。また侯爵は——私はたしかにこういえるのだが——ほかの日本人と同じく、太平洋横断ケーブルについての質問にも発言することはない。これが政府か民間のいずれによって敷設されるべきかという議論が起きていることは承知しているが、日本に政府のケーブルが敷設される積極的な意義はない。思うに、侯爵は、私がこう考えているのと同様に、質問に対して答えるであろう」（十月二十一日付）

『ワシントン・ポスト』の記者は、この前月に日本と清国の間で締結された北京議定書

（義和団事件の賠償金の支払いなどを定めた）を踏まえて、日本政府が今後、どのような対中外交を演じるかを質問したわけだが、都筑は明言を避けている。そもそも、伊藤の政治家としての立ち位置は微妙であった。山県系官僚や貴族院の反発、元老の非協力的姿勢を受けて、第四次伊藤内閣が倒れ、六月に山県系官僚を中心として桂が組閣したばかりであり、伊藤は政府の見解を代弁すべき立場にはなかったのである。また都筑は、アメリカによるフィリピン植民地化（一八九八年）以降の太平洋横断ケーブルの敷設について、民間企業が敷設すべきだという伊藤の個人的見解を代弁している。

『イブニング・スター』によると、ワシントンDC到着の翌二十一日、伊藤はセオドア・ローズヴェルト大統領のゲストとして、昼食会に招かれ、朝にホワイトハウスを訪問した。昼食会に先立って持たれた両者の会談では、伊藤が熱心に、総理大臣としての体験や日清戦争、立憲国家の樹立における先導的な役割などについて語り、その英語は流暢《りゅうちょう》で、大統領も興味深く聞いていたという。伊藤は国務省も訪問し、ジョン・M・ヘイ国務長官とも会談している（十月二十一日付）。昼食会では、伊藤はローズヴェルトに日本国民がアメリカに対して友好的であると伝え、ローズヴェルトも日本に対してアメリカが好意的であると応じたという（『ワシントン・ポスト』一九〇一年十月二十二日付）。伊藤にとってローズヴェルト大統領との会談は、「模範国」の代表者に、自らも漸進的進化主義・立憲主義の道を歩み、母国を「模範国」化してきたことを伝える、絶好の機会であったにちがいない。

大統領との昼食会後、伊藤はニューヨークを経て、二十三日にはイエール大学の創立二百周年記念式典に出席し、翌日にはニューヨークに戻り、メトロポリタン・クラブで伊藤を歓待するために開かれたディナーに参加し、都筑が伊藤のスピーチを読み上げた。聴衆はイエール大学学長のアーサー・T・ハドレーをはじめ、五十五名であった。

「文明の政治」を目指して

スピーチで伊藤は、日本の多くの人々がウィリアム・マッキンリー前大統領（一九〇一年九月十四日暗殺）の人格と能力に敬意を抱いており、最近のアメリカ人の悲嘆に共感していると述べた上で、セオドア・ローズヴェルトが後継者となったことをアメリカのために祝した。さらに、日本の段階的な成長と、そのために歴史上アメリカが果たした役割について賞賛し、「中国との戦争により、日本は国際社会の一員として、あらたな地位を得た。日本社会の再編成と発展は、外債と恒常的歳入の増加を必要としている」と語り、西洋の高度な文明は、一時的な支配者との衝突をもたらすのではなく、日々の生活において、繰り返し生み出され続けていくものである、と述べている。日本は東洋において、二つの文明を理解する唯一の存在であり、東洋の安定のために、その接続役を担っていきたいと強調したのである。外債募集には消極的だった伊藤だが、渡米最後の段階で、桂への義理立てというところか、その重要性を説き、実際に伊藤の随員がウォール・ストリートの多くの金融機関を訪問したという。欧州に出発したのは二十六日のことであった（『ニューヨーク・タイムズ』一九〇一年十月二十五日付）。

伊藤は、国民の開化こそが国家の独立の基礎、文明国における普遍の原理、国家の国際競争力の原動力だと認識しており、「文明の政治」とは国民に政治参加の権利を持たせた上での政治であると考えていた。その文明の世界とは、政治が人間の社会活動全般に浸透した社会であり、それを築くのは、国民自身であった。

伊藤は、一八九九年十月十六日の福井における演説で、「国民的の観念」の重要性を説き、「国民に国政負担の任務を負はしめられ同時に国民自ら国家の事を担任する責務に当つた以上は日本国を保護するに就いての国民的の観念則ち国民其者が国家を担ふと云ふ観念が起らなければならぬ」（傍点原文）と、国民自身が国家を担い、これを保護し、国政を負担する時代の到来を語っている（「伊藤侯の演説　十月十六日、福井市鐘秀館歓迎会に於て」『東京日日新聞』一八九九年十月十九日付東京朝刊）。憲法を作り、政党を作り、漸進的にこうした国民参加の政治体制、すなわち「文明の政治」を構築してきた伊藤は、その自負を抱きながら、日本の段階的成長と国際社会における台頭を「模範国」であるアメリカに向けて語りかけ、その日本こそが、その位置する東洋と、その模範とする西洋とを接続しうる存在であり、積極的にその役割を担いたい、と宣言した。伊藤はさっそく、「文明」の波及に向けた第一歩を、イエール大学学長の前で、踏み出して見せたのである。

託された理想

短い滞在期間の上、体調を崩したため予定していたスケジュールの達成もままならなかったが、伊藤は、視察と療養という当初の目的を遂行しつつ、かつ、イエール大学から託された「文明」の普及についても、意識的に発言していった。アメリカ政治の実態や歴史に対する賞賛は単なるリップサービスではなく、先述のようなアメリカに対する肯定的認識を背景としたものであったと考えられる。

かねて伊藤は、アメリカをひとつのモデルとして考え、「文明」の世界に必須のルールとして憲法を作り上げ、「文明」の政治における主体たるべき国民の意識向上を叫び、実際に政党の結成を進めてきた。彼にとって、そのアメリカを代表する大学のひとつであるイエール大学から「文明」の普及という新世紀事業の「盟友」として博士号を授与されたことは、この上ない名誉であり、その病身の背中を押すに十分な力を与えたにちがいない。

その力は、日本という西洋文明と東洋文明の橋渡し役への、西洋文明からの期待として受容され、おそらくはその後の、ロシアとの日露協商交渉――東洋文明と西洋文明の衝突の回避――をも後押ししたと思われる。わずか三週間あまりのアメリカ滞在ではあったものの、病身を押して展開した外交活動には、伊藤の短期的・長期的な構想と思想がちりばめられていたのである。

『イエール・アラムナイ・ウィークリー』（一九〇二年一月）によると、記念式典において、博士号を授与される者は、一人一人名前を呼ばれていったが、合計六十名の授与者のうち、伊藤の名が読み上げられたのは、最終グループの最後であった。イエールがその存在を重視していた証拠であろう。そして伊藤が紹介されたあと、ハドレー学長は「もう一人残っています」と述べ、隣に座っていたローズヴェルト大統領を紹介した。大統領就任前からその文学や歴史、公共サービスへの貢献から博士号を授与することになっていたと明かした上で、「彼は民主主義の精神とひろい国家観を有し、誠実に正しく職務を遂行して、イエールの理想を体現している」として、法学博士の学位を贈ると語った。学位を授与されたローズヴェルトは演壇に立ち、次のように応じている。「今朝こちらに我々が歩いてきたとき、若くして傷つき、亡くなったイエールの学生を記念した門をくぐりました。そのとき、我々は、襲いかかってくる銃の撃鉄に向かって、行進していたのです。この記憶とともに、私に与えられた名誉に対し、心から感謝します」。

彼の脳裏にマッキンリー前大統領の暗殺があったことは、いうまでもない。マッキンリーの死により副大統領から昇格したローズヴェルトもまた、悲劇を経て、イエールから託された理想を負い、前進していこうとしていた。

ローズヴェルトは、その洗練されたリアリズムに基づく外交手腕によって、台頭する日本に理解を示し、日米間の利益を相互承認する立場から、第五章・第六章で見るように、日本人移民問題などに対処し、日露戦争の終結を仲介して、戦後の日米間の摩擦の火も消していくことになる。特に、日露戦争の仲裁に際しては、日本に対し、平和をもたらす世界の文明国における代表となって、道徳的責務を果たすよう説いたという。その時ローズヴェルトの脳裏には、数年前に立憲国家の樹立における先導的な役割について熱心に語り、目の前で「今世紀において文明を世界中に広める事業の盟友」とされた伊藤の姿が浮かんでいたのではないか。

密航から近代の留学へ

日本とアメリカは、一八五三年（嘉永六年）のペリー艦隊の来航によって、出会った。アメリカ側の開国要求を保留した日本側に対して、ペリーは翌年再来航し、日米和親条約が締結される。その後、日米修好通商条約が締結されて、日米は貿易をはじめた。

日米両国はその後、動乱の時代を迎える。日本国内は尊王攘夷運動の盛り上がりに伴って混乱し、幕末維新の動乱の渦が巻き起こり、ペリー来航からわずか十四年で徳川幕府が幕を閉じることになる。アメリカでも、一八六一年から一八六五年まで、南北戦争が戦われ、多くの人命が失われて、日本との通商や外交どころではなくなってしまう。

その幕末に、欧米列強の実力を思い知らされた日本国内から、多くの留学生が海を越え、欧米に渡って、最新の文明を摂取しようと試みた。徳川幕府は倒れる前年まで、日本人の海外渡航を禁じていたから、はじめは「密航」という形を取る。同志社の創始者である新《にい》島襄《じまじょう》、薩長両藩から派遣された森有礼《ありのり》（のち、文相）、吉原重俊《よしはらしげとし》（のち、日本銀行総裁）、井上馨（のち、外相）といった面々は、欧米への密航者であり、伊藤もそのうちの一人であった。

明治に入り、近代国家としての建国期を迎えるなかで、文明開化と富国強兵を目指して、欧米文明をより積極的に摂取すべく、大量の留学生が海を渡った。列強のなかでは新興国であったアメリカにも、多くの留学生が学び、南北戦争後、いわば第二の建国期にあった現地で、その建国精神を摂取し、法律や技術、科学、軍事学、キリスト教などを学んだ。ハーバード大学やイエール大学、マサチューセッツ工科大学（MIT）といった、アメリカを代表するトップ・ユニバーシティーで学ぶ留学生も出てくる。そうしたなかで、日本を代表する政治家であった伊藤が、イエールから博士号を授与され、西洋文明と東洋文明の橋渡し役を担っていくことになったわけである。

本書は、密航からはじまった日本人アメリカ留学生の群像を取り上げ、彼らが何を求めて海を渡り、何を学び、何を発信し、何を持ち帰り、帰国後、日米の間でどんな役割を果たしたのか、その軌跡をたどろうとするものである。

本書の概要

第一章では、幕末、未だ日本人の海外渡航が禁止されていた頃に、果敢に留学に挑んだ先駆者たちの群像を描く。まずは、キリスト教と民主主義を求めて海を渡り、帰国後に同志社を創立した新島襄。そして、イギリスとの戦争で欧米の実力を知った薩摩藩から、アメリカに派遣され、後に初代日銀総裁になる吉原重俊。日本人の海外渡航が解禁された直後、少年時代にアメリカに渡って人身売買されてしまい、かろうじて帰国、やがて総理大臣にまで上り詰める高橋是清《これきよ》。この三名である。

第二章では、『ロー・スクール』黄金時代」として、明治初期にアメリカの大学のロー・スクール（日本でいう法科大学院）に学び、帰国後に政官財界で活躍した人々を取り上げる。そこには、小村寿太郎《じゆたろう》（のち、外相）や金子堅太郎《けんたろう》（のち、法相）といった、ハーバード留学生や、鳩山和夫をはじめとする専修学校（のち、専修大学）創立者たち、また松方幸次郎《まつかたこうじろう》（のち、川崎造船所社長）、樺山資英《かばやますけひで》（のち、貴族院議員）といったイエール留学組が登場する。

第三章では、科学技術や人文科学、軍事学などを身につけるためアメリカに渡った人々を取り上げる。MITで鉱山学を学んだ團琢磨《だんたくま》（のち、三井財閥総帥）、歴史学を究めてアメリカで教鞭を執ることになる朝河貫一《あさかわかんいち》（のち、イエール大学教授）、そして、日露戦争の日本海海戦の際に名参謀として活躍する秋山真之《さねゆき》（のち、海軍中将）といった面々である。

第四章では、アメリカを信仰の祖国と捉え、「神の国」を目指して渡航した、クリスチャンたちを扱う。新島の教えを受け、同志社の社長を務めることになる小崎《こざき》弘道《ひろみち》や横井時《とき》雄《お》、原田助《たすく》、そして、無教会派のクリスチャンとして歴史に名を残す内村鑑三《かんぞう》、内村とともに札幌農学校に学び、のちに国際連盟事務次長などとして活躍する新渡戸《にとべ》稲造《いなぞう》などである。

第五章では、彼ら明治期のアメリカ留学生にとって、「集大成」となった日露戦争を取り上げたい。開戦後、伊藤からアメリカに派遣され、広報外交を展開した金子堅太郎や、戦争終結のため、ポーツマス講和条約を締結した小村寿太郎、そして、金子とともに渡米し、欧米で外債募集に取り組んだ日銀副総裁の高橋是清などの活躍が描かれる。

第六章では、日露戦争後、次第に悪化していく日米関係のなかで、アメリカ留学生たちが日米の絆をどう維持していこうと努力したのか。そして、その努力もむなしく、やがて日米開戦という形で絆の糸が切れてしまう、その過程を追っていきたいと思う。

日露戦争とアメリカ留学生

いまだ東京帝国大学を頂点とする国内の高等教育システムが整備されていなかった明治

初期にあっては、アメリカ留学生たちは最新の知識と学位を身につけたエリートであり、彼らは政治や外交、経済、学術、法曹などの分野で、立身を遂げていく。その「集大成」ともいうべきなのが、一九〇四年に勃発した日露戦争であった。この戦争の終結のため、アメリカの仲介を引き出すべく、セオドア・ローズヴェルト大統領とハーバード大学で同窓であった金子堅太郎がアメリカに送られ、ハーバード人脈を頼って、積極的な広報外交を展開する。金子の同郷の親友、團琢磨もMIT人脈を通じて、日本への支持を呼びかけた。ロシアに宣戦布告文を提出した駐露公使はハーバード卒の栗野《くりの》慎一郎《しんいちろう》、ポーツマス講和会議で全権を務めたのは金子と同宿してハーバードで学んだ小村寿太郎である。戦費獲得のため欧米に乗り込んで外債募集に取り組んだのも、幕末にアメリカに渡った経験のある日銀副総裁の高橋是清であった。戦争の大きな転機となった日本海海戦で日本海軍を勝利に導いた名参謀、秋山真之も、アメリカに留学して海軍戦略家のアルフレッド・T・マハンに師事している。当時、ダートマス大学で教鞭を執っていた朝河貫一も、アメリカで日本の勝利に期待する論陣を張った。その母校であるイエール大学の教授陣の間で、講和条件が練られたが、これも、金子の随員・阪井《さかい》徳太郎《とくたろう》のアメリカ留学時代の伝手《つて》をたどって依頼したものだといわれている。

ロシアは、この戦争を「キリスト教国」対「異教国」の戦争であると宣伝し、日本と欧米各国との分断を図ったが、金子はこの構図を切り崩すことを目指して奔走した。国内でも、日本政府は敵国の国教であるロシア正教を徹底的に保護し、ロシア軍の捕虜を厚遇するなどして文明国の体裁を整え、これは「文明国」対「野蛮国」の戦いである、という構図を描き出していったのである。日本の宗教指導者たちも、こうした政府の方針を支持し、ロシア正教を保護したが、その先頭に立った小崎弘道も、同志社社長時代にイェール大学に学んだ人物である。

こうした幕末明治期のアメリカ留学生は、日露戦争と第一次世界大戦を経て、戦勝国として日米両国が国際社会のなかで一気に台頭し、その関係が、日本人移民排斥問題や日本の中国大陸での勢力拡大政策などをめぐって悪化していくなかで、日米関係の友好化をめざすべく、アメリカの大学に日本講座を創り、学術交流を深め、民間外交を促進するなど、奮闘するものの、次第に病に倒れ、あるいは凶弾に斃《たお》れて、姿を消していく。政治や外交を動かす原動力も、限られた大学を出た限られたエリートの時代から、大衆と世論へと移っていった。

指導者の世代交代

代わって指導層に立った人々、彼らに続いてアメリカに留学した日本人のマインドやアメリカ観も、変わっていった。明治のアメリカ留学生のほとんどは武士、士族であり、国家や郷土、家名を背負って、血を吐くような思いで学び、現地のアメリカ人と交流して、その信頼を獲得していったが、そうした懸命な営みは、もはや時代遅れのものとして置き去られ、個人的な「出世」の実現へと、エリートの視野は狭窄《きょうさく》していく。

日米関係は破綻し、一九四一年（昭和十六年）から一九四五年まで、両国は戦火を交えて、多くの人命が失われた。本書は、密航の時代から日米開戦まで、およそ百年の日本人アメリカ留学生の軌跡を追う。

もとより、戦前といえども、アメリカに渡った日本人留学生は膨大な数に上り、新書一冊で全員を取り上げることは到底できない。そこで本書では、アメリカを代表する大学であるハーバード、イエール、ＭＩＴといったトップ・ユニバーシティーに主な焦点を絞り、かつ、留学から帰国後に政治、外交、軍事、経済、教育、宗教の分野で目立った活躍を見せた日本人を取り上げていきたい。

まずは、密航留学生である。彼らは何を求めて、「国禁」を犯して渡米を試みたのか。

そこから本書の叙述をはじめていこう。

第一章　幕末留学生が目指したアメリカ

1　新島襄の密航

個人的密航と組織的密航

江戸幕府は、一六三五年（寛永十二年）、日本人の海外渡航と在外者の帰国を禁じ、帰国した日本人を死罪に処することとした。そんななかで海外に渡るには、ごく少数の幕府の公式使節や留学生のメンバーに選ばれるか、ジョン（中浜）万次郎のように、漁業で海に出ている最中に遭難し、外国船に救助されて渡航する、といった例を除けば、「密航」するほかなかった。「海外渡航差許布告」が出るのは、幕府崩壊の前年、一八六六年（慶応二年）四月七日のことである。

「密航」には、組織的に取り組まれたものと、個人的に挑んだものとがある。組織的な「密航」としては、明治維新の主役となる薩摩藩と長州藩によるものが、よく知られている。幕末、欧米列強の実力を思い知った薩長両藩は、密航留学生を欧米に送った。森有礼、寺島宗則《てらしまむねのり》（のち、外務卿）、伊藤博文、井上馨、といった面々は、いずれも薩長の密航留学生である。薩摩の留学生は欧州とアメリカへ、長州の留学生は欧州へ向かった。

個人的な密航の企てにも、さまざまな例がある。ペリー艦隊がアメリカから来航した際、長州藩の尊王攘夷の志士として知られる吉田松陰は、艦隊側に申し出て密航させてほしいと頼み込み、それが幕府に露見して逮捕された。いわば「失敗」例である。

「成功」した例として、代表的なものには、同志社の創始者、新島襄が挙げられよう。新島は箱館からアメリカに渡り、現地の大学や神学校を出て、日本人アメリカ留学生の草分け的存在となった。

そこでまずは、新島襄、吉原重俊という密航者と、渡航解禁直後に渡米した高橋是清の三名を取り上げ、彼らが何に惹かれてアメリカに渡ったのかを考えてみたい。

ジョン万次郎に学ぶ

アメリカにキリスト教の信仰と民主主義の理想を求め、密航に成功してアメリカ留学生の先駆者となった新島襄は、一八四三年（天保十四年）一月十四日、江戸の上州安中《あんなか》藩邸で安中藩士の子として生まれた。七五三太《しめた》、と名付けられた。新島家にとっては、待望の嫡男であった。生活のために書道塾を開いていた父・民治《たみじ》は藩の祐筆《ゆうひつ》で、息子には後継者になるよう期待していたという。五歳から書を習いはじめ、十歳頃から漢籍を学び、十三歳頃から、熱心に勉学に励むようになった。安中藩主・板倉勝明《かつあきら》は人材育成政策を打ち出し、若く優秀な藩士に蘭学を学ばせることとなり、一八五六年（安政三年）、新島は勝明に選ばれて、蘭学者・田島順輔からオランダ語を学んだ。その後、勝明が逝去し学問の奨励方針は頓挫、新島は新しい藩主への忠誠心を失う。一八六〇年（万延元年）、幕府の軍艦操練所に入学し、航海術や数学を習得したが、この操練所で、先述の中浜万次郎と出会ったと考えられている。万次郎はアメリカ船に救助されて現地の学校で三年間ほど教育を受け、英語、数学、航海術、キリスト教について学んで帰国し、当時は操練所教授の職にあった。

この頃、新島は、アメリカについての地理・歴史書（一八六一年に刊行された『聯邦志略』）に触れて感銘を受け、アメリカについて学びたいと考えるようになる。新島は手記の中で、次のように回顧している。

> 私はそれを繰返し読みました。すると驚嘆のあまり私の頭はとろけそうな気がしました。大統領を選ぶこと、自立の学校、公立救貧院、感化院、工場等をたてること。そこで私は、日本国の将軍はアメリカの大統領のようでなければならないと考えたのです。そし

て自分にこうつぶやきました。ああ日本国の将軍よ、なぜあなたはわれらを犬や豚のようにしいたげるのか。われらは日本の民だ。もしあなたがわれらを支配するつもりならば、あなたはわれらをわが子のように愛さなくてはならないのに、と。その時以来私はアメリカのことを知りたいと思うようになりました。（新島襄全集編集委員会編『新島襄全集』第十巻）

藩主に対して失望していた新島は、新しい国アメリカに、民主主義という理想的な政治を感じ取り、日本もそれに倣わねばならない、という強い憧れを抱くこととなったのである。

さらに新島は、友人・杉田廉卿《れんけい》の家でアメリカ人宣教師が漢文で書いた聖書と出会う。手記で新島は、「私は先《ま》ず神を理解しました。すなわち神は天と地をわかち、地上に光を創り、草木や鳥獣、魚などを創られました。神はご自分の姿に似せて男を創り、彼のアバラ骨を切り取って女を創られました。神は宇宙の万物を創造したあとで休息されました。その日を私たちは日曜日または安息日と呼ばねばなりません。次いで私はイエス・キリストが聖霊の御子であること、彼は全世界の罪の故に十字架につけられたこと、それ故私たちは彼を私たちの救い主と呼ばなくてはならないことを悟りました」と回顧する（同前）。

箱館からの密航

急速にキリスト教に惹きつけられ、英語で聖書を読みたい、という欲求に駆られていた新島に、一八六四年（元治元年）、友人から誘われて、箱館に行く機会が訪れる。新島の日記には、万次郎のもとへ行って「其《その》説を聞かんと欲し、其航海書を腰に附《つ》け」、駿河台の坂を下っていると、偶然友人と出会い、箱館へ行く船が出るけれども同行するかと聞かれ、「是我之素志なり」として、藩の説得に乗り出したことが記されている。藩から許しが出た際には、「喜《き》欣《きん》ニ堪兼不覚大声をして曰、嗚呼《ああ》天我を棄てさるか」と叫んだという（新島襄全集編集委員会編『新島襄全集』第五巻）。

新島は箱館に着くが、手記によると、英語教師を探したものの、「八方手をつくしても見つけることができません。そこで私の心は一変して、国外への脱出を考えるに至ったのであります」（『新島襄全集』第十巻）。かくして、当初、英語を学びたいと思っていただけの新島は、密航を決意する。六月十四日、新島はアメリカの商船ベルリン号に乗り込んだ。沢辺数馬（琢磨）、富士屋宇之吉（福士成豊）の二人が協力してくれ、渡航に際し新島は日記に「此二友骨ニ徹し忘るへからす」と書き残している（『新島襄全集』第五巻）。上海でワイルド・ロウヴァー号に乗り換えた新島は、この船で約一年、船員として働き、ホレース・S・テイラー船長に、アメリカに行って教育を受けたいので、その目的を遂げさせてほしい、と懇願し、船長は聞き入れてくれた。

南北戦争後のアメリカで

一八六五年七月二十日、新島はマサチューセッツ州ボストンに到着した。南北戦争が終結し、エイブラハム・リンカーン大統領が暗殺されて、わずか三ヶ月後のことであった。戦後のインフレで社会は混乱し、ニューイングランド（メイン州、ニューハンプシャー州、バーモント州、マサチューセッツ州、ロードアイランド州、コネチカット州）の地ではヒューマニズムとデモクラシーが高揚したが、一方で宗教心は減退しはじめ、拝金主義の足音が聞こえはじめる、そんな時代である。

　テイラー船長からの紹介で、新島は船主であるハーディー夫妻の世話になることになった。新島は手記で回顧する。「船長がこのことをはじめて告げて下さったとき、私の両眼は涙にあふれました。まことにかたじけないことであります。私は思いました。神は私を見棄て給うことはないのだ、と」（『新島襄全集』第十巻）。夫のアルフィーアス・ハーディーは、牧師を志望しながら、健康不良のため断念し、慈善事業や教育事業などを展開していた人物であった。新島が英文で記した手記「脱国の理由」を読んで感銘を受け、将来宣教師として日本で布教活動を展開してくれることを期待して、学資を支援することになる。新島はその後押しを受けて、マサチューセッツ州アンドーヴァーにあるフィリップス・アカデミーに、一八六五年十月、入学する。ハーディーの母校であった。熱心なキリスト教徒であったメアリ・E・ヒドンのもとに下宿し、元々は教師だが、アンドーヴァー神学校に編入し、牧師になるために学んでいたイーフレイム・フリント・ジュニアから個人教授を受けながら、学校に通った。

　一八六七年六月にフィリップス・アカデミーを卒業した新島は、九月にマサチューセッツ州アマーストにあるアマースト大学に進学する。ここも、ハーディーが理事を務めていた学校であった。キリスト教精神旺盛な大学で、新島在籍当時、半数近くの学生が牧師や宣教師志望であったといわれている。この間、一八六六年十二月三十日に、新島はアンドーヴァー神学校附属教会で洗礼を受けている。アマースト大学では、ジュリアス・H・シーリー教授の世話になった。シーリーはその学識と人格をもって新島を大いに感化し、のちに、同大学で学ぶことになる内村鑑三にも、大きな影響を与えることになる。

一八六七年八月三十一日にフリントがシーリー教授に宛てた書簡には、新島について次のように記されている。「この若い日本人の、光と真理に対する渇望はあまりにも強烈であり、彼が祖国と家をとび出した状況は劇的な出来事に満ちていた。教育や伝道の事業に関心をもつ人々が、この日本人にひきつけられたということは不思議ではない」（同前）。新島がこれだけ多くの支援者を得た所以《ゆえん》であろう。

アメリカに理想を見る

一八七〇年（明治三年）七月、アマースト大学を卒業した新島は、九月から、やはりハーディーが理事をしていたアンドーヴァー神学校で学ぶことになる。新島はアメリカを「この開けた国」、「キリスト教の光の中心」、あるいは「私の最愛のアメリカ」と呼んで、かつて理想としていた姿を現実に見て、大いに感激したようである。それはアメリカの資本主義や人種差別といった負の側面に対する批判精神の欠如も示していたが、それだけ、南北戦争後のアメリカ、とりわけニューイングランド地方には、建国の精神が満ちていたということでもあろう。『同志社百年史』（通史編・一）は、次のように評している。

新島が滞米中に主として生活したニュー・イングランド地方は、メイフラワー号以来、宗教的自由を求めて人間的自由の自覚に到達した人々が生活し、ピューリタニズムとデモクラシーの伝統が生きていた。両者は人間人格の尊厳、良心、自由、平等、自主独立、自治、不服従の概念を共通にもっている。新島はピューリタニズムの中でもとりわけコングリゲーショナリズムからの影響を強く受けているが、この思想の特質は教会の独立と自治、教会員の平等と人格の尊厳、個人の悔改めの自覚及び良心及び良心の自由を尊重する点にあり、現実社会で神の意志を追求し、神の栄光を実現させる実践活動を重んずる。具体的には貧困や病気に苦しむ人々、虐げられている人々に対して救済の手を差しのべようとする。

その間、日本では明治の世がはじまっていた。新島は、新政府のアメリカ駐箚《ちゅうさつ》少弁務使（現在の公使にあたる）の森有礼と会い、森は同郷で開拓次官の黒田清隆（のち、首相）に紹介し、新島は開拓使派遣留学生という身分となって、新政府から留学費を受けることができるようになった。密航者の若者は、正式な留学生となったのだ。一八七二年一月、岩倉使節団がアメリカに到着すると、新島は森の依頼を受けてワシントンDCに赴き、文部省から派遣されてきた田中不二《ふじ》麿《まろ》と会い、その通訳を務めながら、教育調査に協力することとなる。

新島はフリント宛の書簡にこう記している。「日本の使節団に対し、アメリカの教育制度について報告するためにワシントンへ来るようにと、日本国公使から要望されています。それで先週以来、そのために勉強をしてきました。なすべき仕事がどっさりあります。日本の使節団がワシントンに到着すればすぐにワシントンへ行くつもりです。異教徒である使節団の前で、キリストの御為に弁じたいと望んでおります。これはキリストのことを語るよい機会だと思うのです」（傍点原文、『新島襄全集』第十巻）。

新島にとって、アメリカとキリスト教信仰とは一体化していた。そして、いまだキリスト教に目覚めていない日本の使節団ですら、「伝道」の対象だったのである。

以後、新島は田中とともにアメリカ各地の視察に赴き、欧州に渡る。使節団参加中には、長州藩の代表者で使節団副使の木戸《きど》孝允《たかよし》とも交流を深めた。新島がアメリカに帰ってアンドーヴァー神学校に復学したのは一八七三年九月のことで、その後、新島は一八七四年五月に宣教団体であるアメリカン・ボード（ハーディーが評議員を務めていた）の準宣教師となり、七月にアンドーヴァー神学校を卒業、十月九日には、バーモント州ラットランドで開かれたアメリカン・ボードの年次大会で、日本でキリスト教主義教育機関を設立したいので協力してほしいと訴えたところ、寄付金約五千ドルを獲得することに成功している。『同志社百年史』(通史編・一)は記す。「(同志社の──引用者)誕生に先立つ『受胎』は、まさしく新島が祖国日本の教化のために訴えた、あのラットランド集会において起こったというべきであろう」。

かくして十月三十一日、コロラド号に搭乗して新島はサンフランシスコを離れ、日本に帰国した。十一月二十六日に横浜に着き、安中に帰った新島は、両親と再会し、父に次のように語ったと、ハーディー夫妻宛の書簡に記している。「私は父にむかって言いました。アメリカの恩人を神様にしてはいけません、お父さん。ハーディーさんの親切に感謝なさるのであれば、あなたもあの神、唯一の神、宇宙の創造者で人類の救い主である神、そして私たちのアメリカの友人の信じている神をおがまなくてはなりません」。新島は父をクリスチャンに改宗させ、家の神棚を焼き捨てた(『新島襄全集』第十巻)。

その後、新島が、彼が教育を受けたニューイングランドの大学をモデルとして、京都で同志社英学校を設立するのは、一八七五年十一月二十九日のことである。

2　薩摩藩密航留学生――吉原重俊

薩摩藩の留学生派遣

新島と同時期に密航したが、新島のような個人的動機ではなく、組織的動機によって留学した人物を紹介しておきたい。

一八六二年（文久二年）八月二十一日、武蔵国生麦《なまむぎ》村（現・横浜市）で、薩摩藩主島津忠義《ただよし》の父・久光《ひさみつ》の行列を乱したとして、イギリス人が薩摩藩士に殺傷された。いわゆる、生麦事件である。イギリスは幕府と薩摩藩に対して、犯人の引き渡しと賠償金の支払いを要求し、幕府は賠償金を支払ったものの、薩摩藩はこれを拒否したため、報復すべくイギリス東洋艦隊が鹿児島湾に来襲して、一八六三年七月二日、薩摩藩との間で戦争が勃発した。

この薩英戦争を通して、列強の圧倒的実力を思い知った薩摩藩は、留学生を現地に送り込むこととなり、一八六五年二月に第一次薩摩藩海外留学生（五代友厚《ごだいともあつ》、寺島宗則、森有礼など）をイギリスに派遣したのに続いて、一八六六年三月に第二次留学生をアメリカに派遣することとなった。英米の軍事力を支えているのは、産業、経済、政治や学術などであり、これらを吸収し、学び取るための取り組みであった。

以下、このアメリカ留学生のうち、日本人としてはじめてイェール大学に学び、帰国後に初代日本銀行総裁に就任するなど、目立った活躍を見せた吉原重俊の軌跡を追っておきたい。吉原は日本の金融システムの構築期にあって、日本銀行券を日本人に定着させ、手形や小切手などを流通させた、日本資本主義の功労者である。

尊王攘夷の志士、アメリカへ

吉原は、一八四五年（弘化二年）四月十日、鹿児島に吉原弥次郎《やじろう》として生まれ、藩校・造士館に学んだあと、尊王攘夷派の志士として活動した。幼少期から文学を好み、漢文、詩文の読書、作文に長《た》けていたため、僅か十二歳で藩主の句読師《くとうし》助に任じられるほどであったという。

一八六二年四月の寺田屋騒動に加わり、鹿児島に送還されて謹慎処分を受けたが、翌年の薩英戦争の際に謹慎を解かれ、イギリス船に斬り込もうと試みている。その後、吉原は横浜でアメリカ人宣教師であるサミュエル・R・ブラウンから英語を学び、さらに開成所

（のち、大学南校、現・東京大学の法学部・理学部・文学部）の武田《たけだ》斐三郎《あやさぶろう》から英学を習得、勝海舟《かつかいしゅう》の「氷解塾」でも学んだ上で、藩の第二次留学生の一員として選抜された。

かくして第二次薩摩藩海外留学生に任じられた吉原は、江夏《こうか》嘉蔵《よしぞう》（蘇助）、種子島《たねがしま》敬輔《けいすけ》、仁礼《にれ》景範《かげのり》、湯地《ゆち》定基《さだもと》とともに一八六六年三月二十八日、長崎を出航した。ロンドンを経由してニューヨークに到着したのが九月二十七日、ボストンを経て、ボストンから西約九十キロの地にあったマサチューセッツ州モンソンへ行き、後発した木藤《きとう》市助《いちすけ》と合流、同地にあったモンソン・アカデミーの校長のチャールズ・ハモンドと面会して、十一月一日に入学した。あくまで鎖国体制下の密航であったため、江夏は久松、種子島は吉田、仁礼は島田、湯地は工藤、木藤は芦原、そして吉原は「大原令之助」という変名を用いている。吉原は長崎出身者として当初は英語科に、翌年には古典科に移り、一八六九年まで在籍している。

なお、吉原の最初の留学予定先はフランスであったが、これが途中でアメリカに変更された。その理由として犬塚孝明氏は、後述するアメリカ人宣教師による勧誘のほか、英仏よりアメリカの方が当時、学術レベルが低く、留学生のレベルから適当と思われたこと、また、当時は英仏よりアメリカの方が、学費が安かったことを挙げている。

モンソン・アカデミーは、一八〇四年、モンソンにジョン・ウィラード牧師によって設立された私立ハイスクールで、吉原が入学した当時は名門進学校として黄金期を迎えていたといわれている。小林功芳氏は、同校の卒業生であるブラウンが女婿であった長崎領事館二等補佐官のジョン・F・ラウダーなどを通じて、薩摩藩に同校への入学を勧誘したのではないか、と推測している。ブラウンが吉原の師であったことは、先述の通りであり、ブラウンはハモンドのことを高く評価していたため、特にハモンドを信頼して送り出したという面もあったようである。一八六六年八月二十七日付のオランダ改革派教会外国人伝道局総主事であるジョン・M・フェリス宛書簡でブラウンは、薩摩藩からの留学生について、「この港から出帆した人は、モンソン・アカデミーのすぐれた校長チャールズ・ハモンド師の世話になって、英語の勉強をするため、マサチュセッツ州のモンソンに行くことになっています」と記し、同年十二月三十一日付の同人宛書簡でも、ハモンドを「名校長」と称している（高谷道男編訳『S・R・ブラウン書簡集』）。なお、ブラウンはマカオや香港でモリソン記念学校の校長を務め、一時帰国したのちに、日本にやってきているが、この一八四七年の一時帰国の際にも、三名の同校の生徒をモンソンに連れて帰り、モンソン・アカデミーに入学させ、うち一名はイエール大学に進学している。

吉原の英語力は順調に向上していったようである。留学生のなかでも比較的語学力にすぐれていたため、彼を教師として、誰かの家に寄り集まり、文法の輪読などを行っていたという。吉原は一八六九年七月一日にモンソンを卒業しているが、塩崎智《さとし》氏によると、六月の卒業式で、吉原は種子島とともに英文スピーチを朗読しており、そのタイトルは「Japan as it was and is」であった。明治維新前後の日本について取り上げたものだったようであり、地元紙の『ハートフォード・デイリー・クーラント』は、彼らはすばらしい英語を話し、かなり鋭敏な観察力と思考力をみせたと報じており、やはり地元紙の『スプリングフィールド・リパブリカン』も、吉原の英語力について、種子島よりも自由に英語を使いこなしており、二人とも、注意深く聞けば十分理解できる英語を話していたと評している。明治維新の変革は、アメリカでも注目を集めていたのであろう。

なお、同年一月にニューヨーク州で、吉原は、アメリカに帰国していたブラウンから洗礼を受けてクリスチャンとなっている。吉原がクリスチャンとなった背景には、前節で取り上げた新島襄との交友があった。すでに上海寄港の際にキリスト教に関する本を入手して関心を持ちはじめていた吉原は、モンソン到着直後にブラウンから情報を得て、当時アマースト大学などで学んでいた新島のもとを何度も訪れ、キリスト教について語り合い、共に聖書を読み、祈禱方法を教わるなど、大きな感化を受け、受洗に至っていった。新島の地道な「伝道」は、成功を収めていた。

吉原がその後の留学生活で何を学んだかについては、第二章で詳述したい。

3　高橋是清の渡米

幼少期の高橋――英語との出会い

密航ではないが、新島や吉原と同時期に渡米し、特異なアメリカ体験をした例として、高橋是清を挙げておきたい。

高橋は一八五四年閏七月二十七日、幕臣で絵師の川村庄右衛門の子として生まれた。幼名を和喜次という。まもなく、仙台藩士高橋覚治《かくじ》（是忠）の養子となり、高橋姓を名乗ることとなる。芝愛宕《あたご》山下の仙台藩中屋敷内で育てられたが、同藩江戸留守居役で、福沢諭吉とも親しい関係にあった大童信太夫《おおわらしんだゆう》が同藩の子弟を横浜に留学させることとなり、高橋は十二歳で、鈴木六之助（知雄、のち日本銀行出納局長）と共に、それに選ばれた。高橋と鈴木の二人はアメリカ人医師・宣教師のジェームス・C・ヘボンの夫人や、やはりアメリカ人宣教師のジョン・C・バラの夫人から英語を教授されたが、横浜の家が火事で焼けてしまい、江戸の藩邸に引き揚げた。

その後、高橋は再び横浜に赴き、居留地にあったイギリスのチャータード・マーカンタイル銀行で支配人を務めていたアレクサンダー・A・シャンドのボーイとして働きながら、英学修業を続けることになる。この仕事を斡旋《あっせん》してくれたのが太田栄次郎という通訳で、高橋はボーイの仕事をこなしながら、太田のもとで英語を学んだ。しかし、酒や悪戯も覚えて評判が悪くなったようで、鈴木が藩からアメリカ留学生に選ばれた際には、その選に漏れてしまう。ちょうどこの頃、勝海舟の子・小鹿《ころく》がアメリカ留学することになり、仙台藩から富田鉄之助を同行させることになった。鈴木はこれについていくことが決まったのである。高橋は何とか自分も渡航したいと考え、大童に相談して、同行を許された。まだ年少の身であったため、小鹿や富田が学校で学ぶのに対し、高橋は横浜で世話になったヴァン・リードという人物の両親のもとに預けられ、手伝いをしながら学ぶこととなった。旅費や学費も、藩からヴァン・リードの両親に送金されることとなる。

奴隷として売られる

かくして、一八六七年七月二十五日に高橋らは横浜を発ち、サンフランシスコに到着、高橋は両親に「ヴェアリート処寓居一先安心仕候間御安心可被下《くださるべく》候」と書き送っている（麻生大作編『高橋是清伝』）。ところが、このヴァン・リード宅では、食べ物も十分に与えられず、学校にも行かせてもらえず、料理の手伝いや掃除などをさせられることになる。ヴァン・リード夫人から、カリフォルニア州オークランドの知り合いのところへ行って、学問を教えてもらうかといわれ、高橋は応諾、ついてはこの書類にサインせよといわれてサインをしてしまう。高橋は自伝で回顧している。

> オークランドの若主人も来ている。やがてヴァンリードは一枚の書附を一条に渡して二人でサインをしろという。……何が書いてあるかさっぱり分らない。要するに、ヴァンリードの話を聞けば、オークランドのブラウンという家に住み込むこと、そこへ行ったら学問も出来るということだけは分った。ともかく望むところの学問が出来るというので、私は喜び勇んで、その書附に署名した。（『高橋是清自伝』上）

オークランドでは、ブラウンの家に住むこととなり、英語を教えてもらえたが、次第に、牛馬の世話をさせられるようになる。一緒に働いていた中国人と喧嘩をして、一緒に居たくないと高橋が主人に訴えると、「お前は勝手に暇を取って帰るわけには行かぬ。お前の身体《からだ》は、三年間は金を出して買ってあるのだ。現にお前は友達と二人で、書附にサインまでしたではないか」といわれてしまう（同前）。友達とは、右の引用に登場した一条十次郎のことである。このとき、高橋は自分が奴隷として売られたことを、はじめて知るのであった。「私は驚いてしまった。あの時署名したのは身売りの契約書であったのか」（同前）。何とか逃げ出したい高橋は主人に暇乞いをするが、殴られてしまう。

その後、ブラウンが中国へ行くこととなり、サンフランシスコの税関で働くブラウンの友人に身柄を引き渡されることになった。高橋は、自身の友人から、南北戦争以来、アメリカでは奴隷売買が禁止されており、行く必要はないといわれ、何とか拘束から解放された。日本人の営業する雑貨店でしばらく働いたあと、高橋は帰国することとなり、一八六八年十二月に横浜に帰着した。

その後、森有礼に見いだされて、弱冠十六歳で大学南校の英語教師となり、文部省、農商務省に出仕、やがて一八九二年に日本銀行に入行し、日露戦争の際には副総裁として外債募集を担うことになる。高橋の渡米の一幕は、まだ留学が制度化されていないなかで、何とか欧米に行って学びたいという意欲が引き起こした、悲劇であった。

　こうした幕末のアメリカ留学生は、キリスト教や民主主義、最新の科学技術などを求めて海を渡り、新島や吉原のように、よき支援者と出会って信仰と学問を深めることができた人物もいれば、いまだ奴隷貿易の名残を留めていた時代に、人身売買の対象とされ、十分に学ぶことができなかった高橋のような人物もいた。明治に入ると、その留学環境が次第に整備され、大学での学びが活性化していく。その過程は、第二章で見ていこう。

第二章　「ロー・スクール」黄金時代

1　明治初期留学生の「ロー・スクール」熱

岩倉使節団とロー・スクール留学生

　第一章で見たように、幕末の留学生たちが、国禁を超え、未踏の海を越え、国境を越えて、アメリカに渡り、日本人留学生の道を切り開いた。やがて、海外に渡ることが「合法化」された。さらに明治に入って、文明開化、富国強兵のために積極的に西欧の文明を取り入れることが推奨されるようになると、留学生派遣の動きは加速し、そのしくみも整えられていく。

　一八七一年から派遣された岩倉使節団は、正使・岩倉具視《ともみ》、副使・大久保利通《としみち》、同・木戸孝允、同・伊藤博文、同・山口尚芳《ますか》に率いられていたが、百七名のメンバーのうち、留学生が四十三名を占めていた。政府のトップから留学生に至るまで、いかに貪欲に西欧文明を取り入れようとしていたかがうかがえよう。

　そして、幕末から明治期にかけてアメリカに渡った日本人の中から、ハーバード大学やイエール大学、ＭＩＴといった、トップ・ユニバーシティーに学ぶ留学生も出てくることになる。南北戦争が終結して、アメリカ社会も落ち着きを取り戻しはじめ、日米関係も一から作り直していく草創期にあった。アメリカもまた、多くの世界の人材を受け入れて、その文明を発信しつつ、世界から知見を吸収していく、第二の建国期ともいうべき時代を迎えていたのである。

彼らは、留学先で、何を身につけたのか。イエール大学を例に取ると、同大図書館には、「ヱール大学日本学生名簿」というタイトルのつけられた、日本人留学生の名簿が残されている。その冒頭に、年度ごとに、何名の日本人が、何を専攻したのかが、一覧表としてまとめられている。これを見ると、一定の傾向を見て取ることが出来る。一八七〇年から一九〇二年までの約三十年間で、イエールに学んだ日本人は九十九人いるが、うち、三十一名と、約三分の一が、ロー・スクールで法律を学んでいるのである。

イエールに最初に入学した日本人留学生・吉原重俊もロー・スクールに学んだし、専修学校を創立することになる相馬《そうま》永胤《ながたね》と三浦（鳩山）和夫は、コロンビア・ロー・スクールを経て、イエールのロー・スクールで学び、そのキャンパスで、やはり創立に貢献することになる田尻稲次郎と出会っている。田尻は薩摩出身だが、このほかにも薩摩出身者は目立ち、松方幸次郎、大久保利武《としたけ》（のち、貴族院議員）、樺山資英といった面々が、一八八〇年代から一八九〇年代にかけて、イエール・ロー・スクールで学んだ。

同じ傾向は、ハーバード大学でもみられる。新渡戸稲造は『日米関係史』で、「ハーバード大学には、最も優秀な若者の何人かが留学している。一八七一年から一八八六年の末までに、同大学で勉強した者たちのうち、七名は法学専攻で、二名は学部の正規コースに属し、一名は医学部、四名は夏期コース、一名はグレイ教授の下で理学士を取得した」と記している。実際、一八七〇年代から一八八〇年代にかけての主な日本人留学生を見ても、日本人としてはじめてハーバードを卒業した井上良一《よしかず》（のち、東京大学法学部教授）と目《め》賀《が》田《た》種《たね》太《た》郎《ろう》（のち、枢密顧問官）から、小村寿太郎、金子堅太郎、栗野慎一郎（のち、駐仏大使）に至るまで、いずれもロー・スクール出身である。井上、金子、栗野は福岡の出身であり、いわゆる藩閥ではないが、同郷の誼《よしみ》を通じた学問の継承がなされていったことがうかがえる。

不平等条約改正のために

そこで本章では、ロー・スクール留学生たちの実態に迫ってみたい。
なぜ、彼らはロー・スクールを目指したのか。ひとつの背景は、条約改正である。彼らが留学していた当時の明治日本において、最大の外交課題は、江戸時代に幕府が欧米列強と結んだ不平等条約の改正であった。領事裁判権の承認、関税自主権の放棄、片務的最恵国待遇の承認といった特徴を持つこの不平等条約を、平等条約にすること。そのためには、欧米列強に受け入れられるだけの法制度を整え、対等な関係にあることを認めてもらわねばならなかった。とりわけ、領事裁判権は、外国人の犯罪を日本の法律で裁けないという仕組みであり、これを日本の裁判に委ねてもらうためには、やはり外国から認められるだけの法律を整えておく必要があった。そのためにも、留学生は欧米に渡り、ロー・スクールで法律を学んだわけである。彼らこそが、日本を法治国家たらしめんとした人々なのだ。

　アメリカは、この時期に条約改正交渉を担当した井上馨外相に対して、日本の法権回復を支持しており、後継の大隈《おおくま》重信《しげのぶ》外相との交渉にも協力して新条約の締結に踏み切り、五年後の陸奥《むつ》宗光《むねみつ》外相との間でも新条約を調印するなど、全体として日本の条約改正に協力的であった。そうした意味でも、アメリカは、留学しやすい環境にあったと思われる。

2　吉原重俊とイエール大学

モンソン・アカデミーからイエールへ

ロー・スクールに入学した日本人留学生は何をどう学んだのか。その典型例として、第一章で紹介した吉原重俊の軌跡をたどってみよう。

第一章で触れたように、吉原は「大原令之助」として、マサチューセッツ州モンソンにあるモンソン・アカデミーで学び、これを卒業した。イエール大学図書館には、モンソン・アカデミーのチャールズ・ハモンド校長からイエール大学のセオドア・D・ウールゼィ学長に宛てた一八六九年九月十三日付の推薦状が保管されている。「この手紙を差し上げるのは、大原令之助のためです。彼はネイティブの日本人であり、約三年間、モンソン・アカデミーで学んできました。日本政府が我が国に派遣した六人の若い男性のうちの一人であり、我が国の語学を学んでいましたが、大学では特に西洋諸国の法律や政治組織について教育を受けたいということになりました」とハモンドはいう。さらに、「大原」は英語を読み、書き、話すことに不自由はなく、語学力が卓越しているとしており、もし入学できたならば、「大原」は「日本におけるナビゲーター」となるだろう、と期待を寄せた。なお、「大原」本人の希望として、まず一年間学部課程で学び、その後ロー・スクールに進みたいとされている。

　吉原がイエールへの進学を希望したのは、ハモンド校長自身がイエール出身であったこと、また、ブラウンもイエール出身であったことから、両者に勧められたものと考えられる。かくして、吉原はイエール大学に入学することとなった。同大学図書館の学生名簿には、一八七〇―一八七一年度におけるロー・スクールの一年生として「Ohara Reynoske, Kagosima, Japan, 121 High St.」の記載がある。この年度は、一八七〇年九月二十一日に授業が開始された。ハモンドの推薦状をもらってからロー・スクール入学までの一年間、吉原は推薦状に記されていた通り、学部課程に非正規生として所属し、英語を主に学んでいたようである。

　イエール大学図書館の所蔵する『The Statistics of the Class of 1870, Yale College』には、「最終年に、若い日本人、大原令之助が一般的な英語学習をするため、ここに滞在していた。彼は暗唱や講義に参加し、クラスの正式なメンバーにはならなかったものの、多方面に関心があり、クラスのメンバーもみな、彼を喜びと共に思い出すことになるであろう」

と記されている。吉原は幕末以来の苦学の末、ハモンド校長からの信頼や、同級生との友情を勝ち取ることができたのである。

アメリカ人宣教師で、一八七〇年にイエール大学の学部課程を終え、のちに同志社で教鞭を執ったドワイト・W・ラーネッドは、その『回想録』で、「明治三年に本国の大学に居って、ウールセー先生から政治学の講義を聞いて居りましたが、その同級生に小原といふ日本人が居りました。之れが私が逢った最初の日本人であります」と記している。明治三年は一八七〇年であり、ラーネッドはイエール大学の政治学の授業で、「小原」という日本人と同席していたわけである。一八七〇年度卒業生の最終年に、「大原」が非正規生として学部課程で学んでいたことは先述の通りであり、この「小原」が「大原」のことであったのは間違いない。「吉原重俊関係資料」（鹿児島県歴史・美術センター黎明館蔵）に収められている「吉原重俊略伝」には、留学中に「政治、経済ノ学ヲ修ム」とあり、『東京日日新聞』（一八八二年十月十日付東京朝刊）も「米国ニ航シ学業ニ従事シ就中《なかんずく》当時ヨリ財務ノ事ニ注目シ経済ノ学ヲ講究セリ」と報じているから、政治学のほか、経済学を学んでいたこともわかる。なお、吉原は、ウィリアム・E・ニューウェルという人物の家に下宿し、その後、イエール大学図書館司書のアディソン・V・ネイムの家に引っ越して、知日家のネイムに日本語を教えていたという。

普仏戦争の観戦のため退学

かくして、吉原はロー・スクールに進学したわけだが、わずか約二ヶ月で退学している（このため、日本人として最初にイエールを卒業したのは、一八七五年、物理学の山川健次郎（のち、東京帝国大学総長）となる）。イエール大学の学生が編集していた『イエール・リテラリー・マガジン』の一八七〇年十一月号に、「大原令之助（鹿児島、日本）は、戦争の報告書を作成するため、日本政府によってヨーロッパに派遣された」と記されている。

この四ヶ月前、欧州で普仏戦争がはじまっており、同郷の大山巌《いわお》がその観戦武官団を率いてアメリカに到着したことから、これに随行して戦争の報告書を作成することとなり、イエールを去ったわけである。『読売新聞』（一八八七年十二月二十一日付朝刊）によると、吉原は大山の通訳を務め、欧州の戦地を視察した。「吉原重俊略伝」には、「一八七〇年（明治三年）普仏戦争ノ際ハ巴里《パリ》ニアリテ籠城ノ苦ヲ嘗《な》メタルコトアリ」とあって、プロイセン軍によるパリ包囲に巻き込まれたことがわかる。パリが陥落したあと、吉原と大山はロンドンに移り、一八七一年三月十日、吉原は大山から離れて、フランクフルトに移った。『元帥公爵大山巌』は、「倫敦《ロンドン》到著以来、枕席を同うしたるもの、離情殊に深きものがあつた」と伝えている。吉原は経済学の知識を生かし、フランクフルトで紙幣印刷に関わる仕事をしていたといわれる。吉原にとって、イエールでの一年二ヶ月は、英語、政治、経済について学び、師や友との絆を結ぶ、貴重な機会になったわけである。

フランクフルトで活動した後、欧州にいた吉原は、ワシントンＤＣに到着した岩倉使節団に召喚され、一八七二年二月九日に、「本官ヲ以テ外務取調通訳申付候事」と「三等書記官トシテ随行申付候事」との辞令を受けている。その英語力を買われて、まずは通訳として、外交官の道を歩み出したわけである。同年七月十九日には、三等書記官を免ぜられ、「随行之心得ヲ以テ外政事務取調之為使節帰朝迄英国ニ滞在申付候事」との辞令を受けている。英国で「外政事務取調」にあたることが、任務となったのである（「吉原重俊関係資料」）。

以後、吉原は一貫して「外政事務取調」をもって任務としており、帰国後の一八七六年三月、右大臣岩倉具視に「外交関係事務調査報告書」を提出し、「重俊閣下ニ随《したご》フテ西洋ニ在ルヤ外交関係ノ事務ヲ調査ス可《べ》キノ命ヲ奉セリ」として、条約改正の際の参考のためとして「他国人民ヲ接遇スル所ノ法規」を整理・報告している。吉原はこの報告書で、西洋各国では外国人であっても、「両国信好ノ友義」によって「相当ノ保護」を加えるのが「公理」であり、同時に犯罪を犯せば自国民と同じく罪を問われるとして、外国人の動産不動産への課税についても自国民同等に扱われるとしている。ただ、西洋各国では外国人に「政治ニ関係スルノ権」を与えることはなく、また自国にとって「掛念」される外国人には国外退去を命ずる権利も、各国は保有しているという。実際、イギリスでは他国民にも自国民とほぼ同一の権利を付与しており、動産不動産の所有についても対等だが、外国人に参政権は与えられておらず、フランスでも外国人に参政権はないが、製造業・商業の経営については自国民と同等である。ただ、外国人は正式な在留資格を得ても、あくまで「戸籍」は外国人のままであり、それが参政権を与えられない最大の理由であるとしている。このほか、国籍の離脱や婚姻についても、詳細に記述している。

吉原は条約改正交渉上の参考としてこれを書いており、不平等条約を改正して対等条約とし、外国人にも一定の権利を付与することになった際の前例として欧州のケースを挙げている。事例とされているイギリス、フランスについては、当時の最新の法改正まで把握して記述されており、吉原の長期にわたる留学や観戦武官団などでの経験が生かされた格好であった。「吉原重俊略伝」も「慶応二年外遊以来既ニ七カ年ヲ経過シ只管《ひたすら》苦学力行以テ海外情勢ノ推移ニ着目シ彼我社会情勢ニ通暁《つうぎょう》セルコトヲ得タリ」として、七年におよぶ苦学によって海外情勢に通暁したことや、普仏戦争での経験によって、「大使一行ノ外遊ニ付テハ大ニ活躍シ少ナカラス便宜トナレリ」と評している。

こうして外交官として活躍の場を得たのち、吉原は一八七三年に大蔵省に転じた。大久保利通内務卿の知恵袋として、その国家構想の立案に参与する傍ら、主に税務畑を歩み、一八八〇年に大蔵少輔に就任、一八八二年に日本銀行創立事務委員となり、同年十月に開業した日本銀行の初代総裁となる。

一般的には無名だが、こうした人物が明治日本を支えていくのである。

3　小村寿太郎と金子堅太郎

ハーバード大学の初期日本人留学生と小村

日本人としてはじめてハーバード大学を卒業したのは、一八七四年ロー・スクール卒業の井上良一と目賀田種太郎である。その三年後、ハーバード・ロー・スクールを卒業することになる小村寿太郎は、一八五五年九月十六日、日向《ひゅうが》国飫肥《おび》藩士の子として生まれた。

後年、日露戦争時にポーツマス講和条約を締結し、戦争を終結させた外交官である。

六歳の頃に藩校・振徳堂で学びはじめたが、多忙な両親に代わって祖母が源義経や豊臣秀吉の話、武士道的な教訓を語って聞かせたという。振徳堂では、寡黙な勉強家として過ごし、四書五経をはじめとする古典や剣術を学び、成績は優秀であった。一八六九年、十四歳の小村は振徳堂の師範だった小倉処平《おぐらしょへい》と父に勧められ、長崎に留学する。長崎では師にも学校にも恵まれず、独学で英語を学んだが、まもなく、文部省に出仕していた小倉の推薦で、一八七〇年、大学南校に入学することとなる。大学南校は南校、第一大学区第一番中学を経て、開成学校に改称されるが、小村はその法学科に在籍し、きわめて優秀な成績を残した。

開成学校はのちに東京開成学校と改称され、小村はそこで学んだが、次第に日本での勉強だけでは満足できず、海外で学びたいと考えるようになり、官費留学生制度の創設を友人たちと文部省に訴えた。その結果、文部省留学生制度が設けられ、目賀田を監督として、アメリカに留学することになる。

小村は一八七五年七月十八日に横浜を出港し、八月五日にサンフランシスコ着、大陸を横断してニューヨークに行き、目賀田の縁で、ハーバード・ロー・スクールに入学することとなる。日本での南校から開成学校時代の恩師であったウィリアム・E・グリフィスに宛てて小村は、学生は優秀で、図書館は開放され、人種差別もなく、物質的・道徳的・社会的・政治的観点からアメリカを理解する環境に恵まれている、と書き送っている。この頃、小村は大切な出会いを果たしている。金子堅太郎との邂逅《かいこう》である。金子は日露戦争時、アメリカで広報外交を展開し、講和条約を結ぶ小村を強力に支援することになる。小村は、一年遅れてきた金子と同宿し、医者から夜の読書を止めるよういわれるほど、勉学に励んだ。

一八七七年、優秀な成績でハーバード・ロー・スクールを卒業した小村は、さらに一年間専修科で学んだ上で、ニューヨークの法律事務所で見習として勤務し、大警視・川路《かわじ》利《とし》良《よし》が視察に訪れた際には、通訳を担当するなどして助けた。一八八〇年、小村はアメリカ生活を終えて、十一月十八日に帰国した。卓越した英語力、法律実務を身につけての凱旋であった。以後、小村はまず司法省に入省し、条約改正のための法典編纂に参与することになる。ほぼ同時期に、目賀田も同僚となった。以後、小村は大審院（のち、最高裁判所）の判事などを経て、一八八四年六月に外務省に移籍、外交官としてのキャリアをスタートさせた。その後、外務次官、駐米公使などを経て、第一次桂太郎内閣で外相に就任する。

この時代の官僚は、所属先の官庁を移籍しても、そのキャリア形成においてマイナスになることはなかった。

当初は海軍兵学校を目指した金子

小村と同宿して学んだ金子堅太郎は、一八五三年二月四日、福岡藩士の子として生まれた。幼少期から利発で、祖母から武勇と正直の必要性を語り聞かされて育ち、一八六一年に私塾・不狭学舎で漢学の修業をはじめた。二年後、藩校・修猷館《しゅうゆうかん》に入学し、四書の素読から次第に頭角をあらわし、一八六九年にその成績が認められて秋月藩（福岡藩支藩）への留学を命じられ、翌年、さらに東京に遊学することとなった。東京では、郷里の先輩で司法省に出仕していた平賀《ひらが》義質《よしただ》のもとなどで学び、一八七一年、旧藩主・黒田長溥《ながひろ》の命で、團琢磨と共に長溥の養嗣子・黒田長知《ながとも》に随行してアメリカに留学することとなった。岩倉使節団に同行しての渡米である。

十一月十二日（旧暦）に横浜港を出港した一行は、翌年一月十五日（新暦）にサンフランシスコに到着、シカゴを経てニューヨークに到着した。ここで、郷里の先輩・井上良一の出迎えを受けている。ボストンに移った金子は、英語を習得するため、團と共に「ライス・グラマースクール」に学び、ジョセイ・アリソンという女性教師のもとで指導を受けた。井上はMITの学生だった本間英一郎《ひでいちろう》（のち、鉄道技師）と共に、金子の留学をサポートし、アリソンを選んだのも、井上と本間である。同校で演説の訓練を受けて、優等生となった金子は、一八七四年に卒業、卒業式では代表して告別演説を行っている。同年、「イングリッシュ・ハイ・スクール」に進学したが、当初はアナポリス海軍兵学校への進学を望んでいたという。しかし、健康上の理由から断念せざるを得ず、目標をハーバード・ロー・スクールに切り替え、弁護士のオリバー・W・ホームズ・ジュニアに就いて、助言と指導を受けた。

留学生と社交界

一八七六年、アメリカが独立百周年に沸くなかで、九月に金子はハーバード・ロー・スクールに進学し、二年後の一八七八年六月に卒業している。

金子は当時のロー・スクールの授業風景について、次のように振り返っている。「教授方法は学長ラングデルか始めて考案したる、ケイス、システム、即ち有名なる判決令を蒐集したる書籍に依《よ》り法律を研究するものなり。此方法は旧来の如く教科書に依り法律の沿革、論理、正条の講義を聞くにあらす、学生自ら各種の判決録に基き訴訟の起因、原被告の論旨、裁判官裁決の理由の三項を比較研究し、果して其判決か正当なるや否を一己の見識を以て判断する自修法なり……全く学生の頭脳を訓練して法律的に事物を裁断する要素を修養するにあり」（高瀬暢彦編『金子堅太郎自叙伝』第一集）。

いわゆるケース・メソッドの導入がなされた時期に、金子は際会したのであった。アメリカではまだ、ロー・スクール教育と法曹資格とが結びついておらず、これを連結させるべく取り入れられたのが、ケース・メソッドであった。

この間、小村と同宿したことも先述の通りだが、同宿を持ちかけたのは小村の方だったらしい。金子はホームズに伴われて積極的に社交界に繰り出し、ボストンの「ブラーミン」と呼ばれる上流社会の人々と交流していった。土日には、現地の詩人、政治家、弁護士、学者などと晩餐を楽しみながら、談論した。帰国しても会える日本人同士で交流するのではなく、アメリカでしか会えないアメリカ人と交際し、親密な関係を築くことが両国の「外交」につながる、との信念からであった。

「日本の学生にして燕尾服を着てビーコン・ストリートの交際界に出入りするものは、一人もなかりき。於是余は各所の晩餐夜会等に出席し、力《つと》めて上流の人々と高誼を結びたり」と金子は回想する。小村も誘ったが、断られたという（金子堅太郎「明治四年渡米後懐旧録」）。

なお、同時期に、のちにアメリカ大統領となるセオドア・ローズヴェルトもハーバード大学に入学しているが、学部課程であって所属が違ったため、在籍中に会ったことはなかった。

ともあれ、金子は宗教や文学に関心を抱き、キリスト教会にも通い、社交によって人脈を広げ、ホームズのもとで法律だけでなく歴史的・文化的教養を身につけて、帰国することとなった。とりわけ、ハーバード内外で培った人脈は、やがて、日露戦争に際して広報外交を展開するにあたり、大いに役立つことになる。金子は一八七八年九月二十一日に帰国し、まず東京大学予備門の英語教師となった。同僚となったアーネスト・F・フェノロサと、さかんに哲学について論じ合ったという。フェノロサは日本美術を高く評価し、帰国後に岡倉天心をボストン美術館に招聘《しょうへい》することになるが、このフェノロサを慕い、来日したウィリアム・S・ビゲローとも、金子は知り合い、のちに、ローズヴェルトを紹介されることになる。

一八八〇年、金子は元老院に転じ、官僚の道を歩み出すことになった。その後、金子は内閣総理大臣秘書官として、伊藤博文のもと、明治憲法制定に参与し、伊藤内閣の農商務大臣、司法大臣などを歴任、一九〇六年に枢密顧問官となり、歴史編纂事業にも従事した。

4　専修大学創立者たち

「貢進生」制度とイエール留学生

イエール大学留学生の群像にも、目を向けてみよう。日本を法治国家たらしめんとしたとき、それは国家から一方的に「与え」られるものではなく、民間でも法を広く理解してもらう必要があった。日本における法律学校の創立は、その一環である。ここでは、代表例として専修学校の創立者たちについて考察しておきたい。

一八五〇年六月二十九日、薩摩藩士の子として、田尻稲次郎は生まれた。一八六六年に薩摩藩の開成所に入って洋学を身につけ、長崎に留学、明治に入って一八六九年二月に、慶應義塾に入学した。まもなく開成学校に転校すると、一八七〇年七月、政府は大学南校（開成学校から改称）で外国人教師を雇って人材を教育するため、藩から学生を差し出すよう命じ、田尻は薩摩藩からこれに選ばれた。いわゆる「貢進生」の制度で、先の小村寿太郎も飫肥藩から選抜された貢進生であった。

その後、政府は官庁ごとに、将来の幹部官僚を養成するべく、大学南校の生徒を海外に留学させることとなり、田尻は刑部《ぎょうぶ》省から選ばれて、アメリカに派遣されることとなった。目的は、「国法」「民法」の研究である。田尻が渡米し、ニューヨークに到着したのは一八七一年二月頃のことで、大学入学の準備として、日本人留学の中心地であるニューブランズウィックのラトガース大学附属グラマースクールに入学した。しかし、神学中心で科学を軽視する学風や、自己中心的で国家を重んじない風潮に不満を抱き、翌年にはコネチカット州ハートフォードにあった高等学校に転校する。ここで英語や数学、歴史、地理などを学んだ田尻は、一八七四年から一八七七年までイエール大学の学部課程に学んで卒業、さらに大学院に進んで経済財政を専攻した。帰国後は大蔵省に出仕し、一八九二年には大蔵次官、その後、東京市長も務めることになる。

イエール在学中、田尻が出会ったのが、コロンビア・ロー・スクールを経てイエールにやってきた相馬永胤と三浦（鳩山）和夫であった。

相馬は一八五〇年十一月二十二日、彦根藩士の子として生まれ、江戸の彦根藩中屋敷で育った。十二歳頃から藩校・弘道館で漢学を学びはじめ、戊辰《ぼしん》戦争の際には新政府軍の一員として戦って功績を挙げ、藩内の名声を得ている。彦根藩は、将来の日本を担う勢力として薩摩藩に目をつけ、相馬を薩摩藩に留学させる。そして、一八七〇年、相馬は政府の欧米視察員に選抜され、一八七一年七月二十八日にサンフランシスコに到着、岩倉使節団が到着すると、これに同行してニューヨークに向い、ウェストポイント陸軍士官学校への入学を目指して、近くの私立学校に入学した。しかし、文部省が突然、経費節減のためとして相馬を帰国させることとなり、一旦日本に帰り、一八七五年に再度渡米する。

相馬は、一八七五年十月にコロンビア・ロー・スクールに入った。同校ではアメリカ人の学生と共に模擬裁判に熱中し、図書館で判例を読み込んだという。一八七七年、卒業した相馬は、三浦和夫と共にイエール大学のロー・スクールに移り、法律を学びながら、法律事務所で弁護士事務を習得した。

日本法律会社と鳩山和夫

留学生監督であった目賀田は当時、ニューヨークに滞在しており、一八七五年十二月、三浦（鳩山）、相馬などと共に「日本法律会社」を結成し、毎週金曜日に会合を持って、法律の研究を進めることとなった。

三浦和夫は、一八五六年四月三日、美作《みまさか》国勝山藩士、鳩山博房の四男として生まれ、母の実家・三浦家に養子に出されて三浦姓を名乗ったが、のちに鳩山家に戻って家督を継いだ。幼少期から漢学を学び、貢進生として大学南校に入り、卒業後、先述の文部省留学生制度によって、小村などと共に、目賀田の監督のもと、アメリカに留学することとなる。一八七五年にコロンビア・ロー・スクールに入学、一八七七年に卒業して、イエール大学のロー・スクールへ進んだ。一八七八年に法学修士、一八八〇年に法学博士の学位を取得している。帰国後は外務省に出仕した後、帝国大学教授、東京専門学校（現・早稲田大学）校長を歴任、一八九二年の総選挙で衆議院議員に当選し、四年後には衆議院議長にも就任した。鳩山一郎（元首相）、鳩山威一郎《いいちろう》（元外相）、鳩山由紀夫《ゆきお》（元首相）に至る、政治家一家を作り上げることになる。

三浦は官立学校の出身ではあるが、この留学によって私学の重要性を認識するようになった。一九一〇年三月には衆議院で、「今は政府が教育に関するところの専売業者、一手販売でやる様な心持でゐるから、これが間違である、……高等教育を授くるといふことについては、政府万能主義を採るといふことは大なる誤である」と指摘した上で、アメリカの例を挙げ、「凡《およ》そ大学と称し、社会に名声を博し、信用のあるものは悉《ことごと》く私立大学である、エール大学と云ひ、ハーヴアートと申し、コーネルと申し、ホップキンスと称し、凡《すべ》てこれ等の信用ある、善良なる学校はみな私立大学である」と論じて、日本における私学蔑視の風潮を厳しく批判している（鳩山春子編『鳩山の一生』）。

日本法律会社は、相馬と三浦のイエール進学と共に、拠点をニューヨークから同大学のあるコネチカット州ニューヘブンに移し、日本に法律の知識を普及させるべく、アメリカのロー・スクールを模した学校を東京に設立することになり、この構想が、専修学校の創立に結実していく。

5　薩摩藩のエリートたち

元勲の子どもたち

一八六五年十二月一日、のちに首相となる薩摩藩士・松方正義の三男として、幸次郎が鹿児島で生まれた。一八七五年、十歳になった松方は、父の中央官僚としての出世にともなって上京する。東京大学予備門（のち、第一高等中学校）への予備校であった共立学校（現・開成中学・高等学校）に入学し、予備門に進学したが、東京大学の卒業式の開催方法をめぐって大学側と衝突、退学処分を受ける。すでに長兄の巌《いわお》はドイツに、次兄の正作はベルギーに留学しており、松方はアメリカへの留学を決意した。

一八八四年四月、松方は父の支援による私費留学生として渡米し、ラトガース大学附属のグラマースクールに入学した。無事ラトガース大学に進学したが、三年次から理工系の学問を学ばねばならないことになり、外交官志望だった松方は退学を決意、イエール・ロー・スクールに転じることになる。一八八六年十月、編入試験に合格した松方は、弁護士のジェームズ・ウェッブの家に下宿し、その法律事務所で実務を学んだ。ロー・スクールでは模擬裁判に熱中し、学部長からも高評価を受けて、さらに大学院へと進学し、一八九〇年、民法の論文で法学博士号を授与される。

その後、松方は欧州に渡り、一八九〇年九月十八日に帰国した。しばらく帝国大学で教鞭を執り、宮内省入りも勧められたが実現せず、川崎造船所の初代社長となる。以後、松方が財をなし、松方コレクションと呼ばれる膨大な美術品を収集して、これが現在の国立西洋美術館へと結実していったことは、よく知られている。

松方と同郷の大久保利武は、一八六五年四月十三日、大久保利通の三男として鹿児島に生まれた。一八八七年に第一高等中学校（のち、旧制第一高等学校）を卒業し、イエール・

ロー・スクールに留学、一八八九年に卒業した。大久保はさらに欧州に留学し、ドイツのハレ大学、ハイデルベルク大学、ベルリン大学に学んで、一八九四年にハレ大学から博士号を授与されている。同年に帰朝し、台湾総督府や内務省の官僚などを経て、貴族院議員に就任して帝国議会で活躍した。

帝国議会を冷淡に眺める

この二人に刺激されてイエール・ロー・スクールに学んだのが、樺山資英である。一八六八年十一月十九日、薩摩藩士・樺山資雄《すけお》の子として生まれた樺山は、父が栃木県知事だったため、宇都宮で少年時代を過ごしたが、中学時代から英語に優れ、高等中学校に進むべきか、あるいは松方や大久保に続いて、一足飛びにアメリカに留学すべきか、悩んだという。

一八八七年八月十三日の日記には、「今日より日夜精研来る十二月高等中学校の補欠試験を受けんか、若《も》し同試験に不合格なれば、益々語学、天文学、数学等を練習し、来年五月頃横浜解纜《かいらん》の便船により米国へ留学し、翌廿二年夏よりニウヘブンのエール大学に入り、三ケ年の学科を終り廿六年帰国するの目的なり」と記している（樺山資英伝刊行会編『樺山資英伝』)。

結局、樺山は留学を決意することとなり、父の許しを得て、一八八八年五月十八日、宇都宮を発ち、二十日に横浜港から渡米し、六月三日にサンフランシスコに上陸した。同年九月、コロンビア大学に入学して英語を一年間学んだあと、翌年九月、イエール・ロー・スクールに進学した。一八九〇年四月十九日付の両親宛書簡で、樺山は「日本大学の教授などは当大学教授に比すれば、漸《ようや》く弟子位の価値に候、然るに余り傑出せる人物にもあらぬ輩が傲然高慢の言を吐く風習は、鳥なき里の蝙蝠《こうもり》と一般なり、試に新議員に投ぜる尾崎行雄《ゆきお》とか末広重恭《すえひろしげやす》とか日本にては少数声価ある人々の通信などを見れば、実に抱腹に堪えぬもの多々有之、以上の輩が日本政治家を気取りては、面目も無之、政党内閣などは未だ早し」と記し、日米の学術レベルの差を踏まえつつ、同年七月に控えた第一回衆議院議員選挙に立候補する面々が藩閥政府を攻撃する様子を、冷淡に眺め、政党内閣の展望に悲観的な見解を示している(『樺山資英伝』)。

イエールでは勉学と共にスポーツにも熱心に取り組み、大学院まで進学して、一八九三年春に法学博士の学位を取得し、卒業した。同年九月に帰国すると、大臣秘書官などを歴任し、内閣書記官長を経て貴族院議員に勅選されている。

「ロー・スクール」黄金時代を彩ったアメリカ留学生たちは、いずれも幼少期に武士として漢学を学び、洋学機関で優秀な成績を修めて、アメリカ留学の切符を勝ち取った。アメリカでもその競争社会を勝ち抜いた彼らのアメリカ観は、概《おおむ》ね肯定的で、その知識と学位は、未だ大学や学位の制度が未整備だった日本において貴重な資産であり、その立身を促すことになり、彼らは政治家や外交官、法律家として成功を遂げていく。とりわけ、イエール大学の初期留学生には、薩摩藩出身で幕末維新期に活躍した功臣の子どもたちが目立ち、薩摩閥が新時代のエリート養成においても、先頭を走っていたことがわかる。

第三章　科学技術、人文科学、軍事学

1　團琢磨とMIT

團琢磨の特性

「ロー・スクール」黄金時代が謳歌されるなか、ハーバードやイエール、MITなどの学部課程で、専門的な科学技術や人文科学などを学んだり、また軍事学などを身につける日本人も生まれてくる。

のちに三井財閥の総帥となり、血盟団《けつめいだん》事件で暗殺されることになる團琢磨は、そのなかの一人である。事件の被害者としてのみ歴史に名を刻んでいるが、團が残したものは大きく、日露戦争や日米関係にも深く関わっている。ここでは、團を中心に、アメリカ留学生と科学技術との関係について紹介していきたい。

一八七四年にMITを日本人としてはじめて卒業した鉄道技師・本間英一郎に続いて、二人目にMITを卒業したのが、團であった。戦前の日本で「電力王」と呼ばれた福沢桃《もも》介《すけ》は、血盟団事件の二年前の一九三〇年に、團について「同輩だつた飯田（義一《ぎいち》——引用者）、早川（千吉郎——引用者）等はすでに物故し、山本条太郎、岩原謙三等は、それ〴〵事情があつて三井を去つた今日、團は如何なることでも、いふて行へない事のない地位にある。且つ、三井外に於《おい》ても、種々の栄職にある。申さば、東京の実業界に於る王者の地位を占め」ていると評し、その團の特徴として、同世代の留学組がハーバードなどで法律や経済を修めるのが一般的だったのに対し、MITで鉱山学を学び、「三井に入つて、益田《ますだ》（孝《たかし》―引用者）や飯田等の商人肌の人物に揉まれて、『サイアンス』と『ビヂネス』とを結びつけ」たとして、團を「技術眼と経済眼とが、よくバランスが取れてゐる。技術家としては珍らしい経済人であり、同時に経済人としては珍らしい技術家である」と評している（『財界人物我観』）。

一方、一九〇三年刊の実業之日本社編『当代の実業家　人物の解剖』は、「三井家の成功せるは益田孝、朝吹英二の如き事業家と相並んで團琢磨と云へる技師の存するが為めなり」として、「事業家」と「技師」との「協同」「鳥の双翼」「車の両輪」によって三井は隆盛していると述べ、「琢磨は已に技師を以て立つ者なり、平生の動作亦《また》頗《すこぶ》る技師的学者的なり、思想綿密にして区劃整斉而して其職務に忠実なる」人物であるとした（傍点原文）。

團が三井にあって、益田孝や朝吹英二がトップであった時代には技術者としてその発展に貢献し、自らが総師となって以降は、技術者精神を忘れない経営者と受け止められていたことをうかがわせよう。その経営者・團琢磨の技術者的起源は、ＭＩＴ時代にあった。

「ビスケット」が最初の西洋体験

團は、一八五八年八月一日、福岡藩士・神屋宅之丞の子として生まれ、寺子屋で『大学』、『中庸』、『論語』、『十八史略』や『日本外史』などを学びながら、十三歳のときから平賀義質に就いて英語のスペルや読書を習い始めた。幼少期から平賀などの影響で西洋文化に接していたようで、團は、「私ハ西洋ノ事ハナカナカ早クカラ耳ニシテ居ルデス、長崎カラヨク砂糖ナド贈ツテ来タ、『ビスケット』、ア、云フモノモ長崎ヘ行ツテル平賀ナドカラ贈ツテ来ル、サウ云フ者ノアルコトハ、六歳位ノ頃カラ覚エテ居リマス」と回想している（『團理事長談話速記（其五）』）。團は一八七一年十二月に福岡藩権大参事《ごんのだいさんじ》を務めていた團尚静《なおきよ》の養嗣子となり、同年、福岡藩に贋札の疑いが持たれたことをきっかけに藩知事と共に上京、ここでも平賀のもとで学んだが、当時平賀の書生を務めていたのが、同じ福岡藩士の金子堅太郎であった。この平賀の塾では、金子と團は抜群の成績だったらしく、「私共二人ハ下ノ室テ『スペシアル』ノ待遇デアル」と團は語っている（同前）。

一八七一年十月、廃藩置県を経て旧福岡藩主家となった黒田家によって、海外留学生に選抜された。岩倉使節団の派遣に伴って、当主の黒田長知が留学生として同行することが決まり、團は金子と共に、学友として同行することになったのである。留学生として選ばれた理由について『男爵團琢磨伝』（故團男爵伝記編纂委員会編）上巻は、「君の才力と君が早くより英語を学んで居つたといふことが、重《おも》なる原因である」とした上で、実父の神屋家に対する黒田家からの寵愛も影響したとしている。

「鉄ヲ造ツテ見タイ」

一八七一年十一月十二日（旧暦）、團は岩倉使節団一行と共に横浜を出航し、翌年一月十五日（新暦）にサンフランシスコに到着、二月二十六日にシカゴに着いたが、ここで、ワシントンDCに向かう正使一行とは別れて、ボストンに向かうことになり、ニューヨークを経由して三月二日にボストンに到着した。團がボストンを選択した理由について、「平賀ガ前ニ行ツタ時ニ残シテ居ツタ書生ガ二人『ボストン』ニ居ルモノダカラ、私共ハ大使ト別レテ『ボストン』ニ行ツタ」と團は語っている（『團理事長談話速記（其五）』）。二人のうちの一人は、本間英一郎のことであろう。ボストンに着くと、長知と同行者たちは別々に下宿することとなり、團と金子はジョセイ・アリソンという女性教師に就いて英語を学び、アリソンの結婚後にホームステイしたが、南北戦争後の物価高騰で緊縮生活を余儀なくされていたという。團は金子や、のちにハーバード大学に進学する吉川重吉《きっかわちょうきち》（のち、貴族院議員）と共に「ライス・グラマースクール」に入学して優秀な成績を修めたが、今後専攻すべき学科についてはかなり悩んだらしい。結局鉱山学を専攻することを選んだが、團自身は、士族の子弟として戦争をするのが本務であり名誉であると考えており、「唯軍人になると云ふ頭で外国に行つた」が、アメリカ社会で軍人を見かけることがなく、「一二年勉強して居る内に何時か軍人と云ふ思想が消へて了《しま》つた」と回想している（『男爵團琢磨伝』下巻「商工青少年に告ぐ」）。その上で、團は次のような理由で鉱山学を専攻することにしたと語っている。

本間ガ『シビルエンジニア』ヲヤツテ居ル、其ノ真似ヲスルノハイヤダカラ、何カ人ノセヌ事ヲヤラウト云フコトデ、自分デ、ドウモ鉄ヲ造ツテ見タイ……此方ハ鉄道ノ本（モト）ヲ作ラウト云フヤウナ事デ、鉱山ノ方ヲヤツテ見ルト云フ考ガ、ドウ云フ訳カ附イタノデス（『團理事長談話速記（其五）』）

同郷の先輩である本間の真似はしたくないが、鉄道のもととなる鉄は作ってみたい、というのが動機だった。実際、すでにＭＩＴでは、本間が土木工学を修めつつあり、鉄道の基礎となる鉄を製造することを目指したのが、團であったわけである。金子はこれに反対したらしく、後年の回想で、「武士が石炭掘りになるといふんです。あなた方に言つては、おかしいと思ひますが、武士の子が明治の初年に石炭掘りになるのは、おかしい事に思つた」と語っている（「故團男の前半生を語る」）。

鉱山学と冶金学

かくして團は「ライス・グラマースクール」を退学してボストン郊外で数ヶ月家庭教師から教授を受け、ボストンの北にあるウォーバンに開設されたばかりのＭＩＴの「予備校」なる学校に通い、一八七五年にＭＩＴへの編入試験を受けて第二学年に編入し、鉱山学を学びはじめることになった。実際、ＭＩＴの学生名簿には二年次から登場する。当時の入学制度については定かでないが、ＭＩＴはこの「予備校」からの編入生を受け入れていたのであろう。

当時はまだ現在のケンブリッジではなく、ボストン市内のバックベイ地域にキャンパスを置いていたMITで、團は「鉱山学科」の一員となり、同学科長・教授で鉱山学者・冶金学者のロバート・H・リチャーズとは、終生変わらない師弟の縁を結ぶことになる。学習環境はかなり厳しかったようで、二週間欠席すると落第し、専門科目だけでなく広範な科目を履修しなければならなかったが、『男爵團琢磨伝』上巻は、「一個の鉱山技術家たるに終らなかつた所以」はここにあるとしている。

MIT留学について團は、『テクノロジー』デハ採鉄冶金両方アリマシタ」と語っているが（『團理事長談話速記（其五）』）、実際、彼が履修して単位を取得した科目は、鉱山業、鉱山学、実験室実習、鉱物学、冶金学といった鉱山・冶金関係の科目のほか、微積分学、植物学、物理学、自然地理学、動物学、古生物学、科学哲学、そして英語やドイツ語、フランス語、歴史にも及んでいた。勉学の間には、ラルフ・W・エマーソンに私淑して、その作品を愛読していたという。

一九二八年、MITの同級生が卒業五十年記念会を開催することとなったが、團がこれに出席できなかったため、代表である「オールブライト」から團の追懐談が届いた。それによると、團とはじめて会ったのは「マサチューセッツ工業《ママ》大学化学実験室」であり、鉱山技師も化学者と同様十分な化学の知識が必要なので、共に熱心に実験に取り組んだという。実験をきっかけに親密になり、卒業の際には一緒に日本に行くと冗談をいったという。帰国後、後述の通り團は鉱山技師としての職に恵まれないが、そのことを手紙で知らせてきたとして、「意気を阻《そ》喪《そう》せしめたる」次第が細かく記載されていたという。恩師のリチャーズ教授は、「学生としては團琢磨は学業に優秀であり、仕事に対しても忠実で、敏捷であった。彼は全く教師の望み通りの善き学生であった」として、学生時代を回顧し、「團は日本に於ける一流の技術家の一人であった」と述べている（『男爵團琢磨伝』下巻）。

　当時のＭＩＴの名簿によると團は、二年次は「21 Dover St.」、三年次に「12 Dartmouth St.」に住み、さらに四年次には「2 Wyoming St.」に転居していた。その四年次に團がＭＩＴに提出した卒業論文は、「研究所の溶鉱炉におけるカタディン鉄鉱石とマンハッタン鉄鉱石による鋳鉄《ちゅうてつ》の製造に関する実験」であり、英文筆記体で数式や図式を多用しながら全百二十三頁にわたって叙述したもので、第一部「カタディン鉄鉱石の冶金学的処置」、第二部「マンハッタン鉄鉱石の冶金学的処置」、第三部「ディスカッション」の三部構成となっている。この卒業論文により、團は理学士（鉱山学）の学位を取得して、一八七八年六月一日にＭＩＴを卒業した。團の関心は卒業論文に表れているように、鉄鉱石や製鉄にあった。

帰国しても就職に恵まれない

ＭＩＴを卒業した團は、ハーバードを卒業した金子と共に一八七八年九月に帰国して後、福岡に帰り、渡辺清県令の意向を受けて、当時官営だった三池炭鉱の視察を行った。團はあくまで石炭より鉄に関心があったため、この視察を終えた後、一八七九年春に上京し、その専門知識を生かすべく鉱山業務を所管していた工部省への採用を望んだが、当時この部門は工部大学校の卒業生のみを採用し、東京大学の卒業生さえ採っていない状態であったため、團の入る余地はなく、「折角学問はして来たが、これを実際に応用するの途《みち》がなく、その前途には一点の光明だもこれを認むること能《あた》はず、空しく志を得ずして郷里に帰臥することとなつた」（実業之日本社編『裸一貫から』）。結局、團はアメリカ留学生仲間の服部一三《いちぞう》を総理として開校した大阪専門学校（京都大学の前身の一つ）の助教となり、一八八一年に東京大学理学部の「星学」（天文学）担当助教授となった。團はこのあたりの事情について、次のように回顧している。

何故使ハヌカト云フト、山尾（庸三《ようぞう》—引用者）ガ工部大学ト云フモノヲ作ツテ居ル、工部大学ヲ作ツテル以上ハ工部大学以外ノモノハ使ハナイ、使ヒドコロガ無イ……「アメリカ」カラ帰ツテ来タ奴ナンカ以テノ外ノ事ダ……大阪専門学校ヲ作ルコトニナツテ、服部一三ガ校長ニナツテ行クト云フ時ニ、ヒヨツト僕ノ所ニ呼ビニ来テ、彼処ヘ一ツ行ツテクレヌカト云フコトニナツタ……『ポール』ト云フ奴ガ『フエノロサ』ト一緒ニ来テ、アナタ東京ニ来ナイカ。私モ帰リタクテ堪ラナイ、此処デハ到底イケナイ……天文ハ困ツタモノダト思ツタガ、東京大学デ宜《よろし》イト云フナラ行カウト言ツタ（『團理事長談話速記（其二）』）

工部省の工部大学校偏重主義が工部大輔・山尾庸三の方針によるものであったこと、大阪専門学校には服部一三、東京大学にはアーネスト・Ｆ・フェノロサなどから勧誘されたことがうかがえる。

もっとも團はあくまで工部省への勤務を求め、文部少輔の九鬼隆一《くきりゅういち》に斡旋を依頼した。金子が工部卿・佐々木高行の秘書官のような役目を務めたことがあり、佐々木に採用を勧めたこと、ＭＩＴの先輩にあたる本間英一郎が技師であったこともあって、一八八四年二月に工部省御用掛として採用されたが、すぐに機構改革に伴って三池鉱山局に赴任した。

團はやはり気が進まなかったという。のちに團は「一年バカリハナカナカ苦シカツタ」と告白している（『團理事長談話速記（其二）』）。

三池炭鉱赴任後、工部省が廃止されて三池鉱山局は農商務省、続いて大蔵省に移管され、團は三池鉱山工業所在勤一等技手に任じられた。開鑿《かいさく》の調査研究のため、欧米に派遣され、恩師のリチャーズ教授の紹介で多くの鉱山を視察して主に排水ポンプについて調査し、その権威であるイギリスの「デーヴィ」に面会して、「デーヴィ・ポンプ」の構造や性能を学び、これを三池炭鉱に採り入れることとなった。ところが、帰国の途上のニューヨークで、團は三池炭鉱が三井に払い下げられたと知り、帰国したものの役職そのものがなくなっていたため失職した。これを憂えた金子が斡旋して福岡県技師に採用されることとなったが、三井の益田孝が團を三池炭鉱の事務長に招聘したため、結局、團は三井に入社することになる。

三井財閥のトップに上り詰める

團の「デーヴィ・ポンプ」の導入が功を奏し、三池炭鉱の開鑿に成功、その後、経営者としてのステップを歩み、三井鉱山合名会社専務理事、三井合名会社参事を経て、一九一四年（大正三年）に三井合名会社理事長に就任する。この間、一九一〇年には母校MITを訪れており、『テクノロジー・レビュー』（MIT刊行。現在は『MITテクノロジー・レビュー』）一九一〇年十月号は、「今夏、多くの卒業生が鉱山学科を訪問したが、最も重要だったのは、一八七八年の卒業生、團琢磨が三井（高棟《たかみね》三井合名会社社長―引用者）男爵と足尾銅山開発に関わっている八名の日本人エンジニアを連れて訪れたことだった」と伝え、團を「祖国で低い地位からトップに上り詰め、成功した古い日本人卒業生」と称している。この際に開かれたディナーで團は、「MITの日本人卒業生の数は決して増えてはいない。もっと多くの日本人学生がここに来て研究に従事すればよいのに」と漏らした。

　こうした状況を憂慮したためであろうか、さっそく一九一一年四月十三日、東京京橋の交詢《こうじゅん》社で、MITの同窓生が集まって「日本テクノロジー・アソシエーション」（Technology Association of Japan）という日本におけるMIT同窓会を立ち上げ、團が幹事兼会計係に選出された。團以外の日本人メンバーとしては、本間英一郎や福沢捨次郎（時事新報社長）などがいた。

　『テクノロジー・レビュー』では、一九二四年十二月号の「Tech Man in the Public Eye」というコーナーで團を特集し、いまやアメリカ人にとってももっともスタンダードな石油会社は「三井」であり、日本帝国のビジネス界に圧倒的な影響力を保持しており、その多角的経営のトップにいるのが三井男爵で、彼にとてつもない成功をもたらしたのが團である、としている。

一九二五年三月十五日、二十名のＭＩＴ同窓生が集まり、それまでの日本の同窓会組織を正式に再編することを決定し、團が会長に選出された。副会長には鈴木商店の鈴木岩蔵（一九一一年卒）とトラスコン・スチール・カンパニーの東京支社に勤務していたＷ・Ｗ・スティーブンス（一八九八年卒）が就き、幹事や会計係なども選ばれたほか、新たな規約が採択され、会員相互の友好関係を深め、ＭＩＴとのより親密な関係を構築することとなった。毎月第一水曜日には例会が開催されることになり、会員は百名弱まで増加した。この団体は現在も存続している。

團は日本の財界の頂点にあり、日本人ＭＩＴコミュニティーの中心にいた。

2　朝河貫一とダートマス大学、イエール大学

二本松からアメリカへ

これまで取り上げてきた日本人留学生たちは、卒業後、ことごとく帰国し、日本でキャリアを積んでいる。現在でも、同じ東アジア圏の中国や韓国の留学生に比して、日本人の留学生は卒業後、アメリカにとどまらず、帰国するケースが多いように感じられる。とりわけ、国家や藩、郷土、家名を背負って渡米してきた明治の留学生にとって、帰国してそれらに留学の成果を還元させることは、当然であったにちがいない。

一方で、アメリカにとどまり、キャリアを積む留学生も現れてくる。代表例として、ダートマス大学からイエール大学大学院に学び、イエール大学教授となる朝河貫一を挙げておこう。彼もまた、日露戦争に際して積極的に発言し、日米関係を語る上でも欠かせない人物である。

朝河は一八七三年十二月二十二日、旧二本松藩士族・朝河正澄《まさずみ》の子として生まれた。父は戊辰戦争に従軍して新政府軍と戦った経験があり、二本松藩の悲劇の象徴とされる二本松少年隊や、父の姉の嫁ぎ先の縁戚であった儒学者・安積艮斎《あさかごんさい》の話を、朝河に語って聞かせ、士族としての気概や教養を抱くよう教育したという。維新後は教師となり、周囲からも敬愛される存在であった。朝河は一八七九年に父が校長を務める福島県立子山《たつごやま》尋常小学校に入学し、「神童」と呼ばれるほど、きわめて優秀な成績を修めている。

川俣高等小学校に転校したのち、朝河は一八八七年に福島県尋常中学校に進学した。父は医者の道を歩むべく師範学校へ進学するよう勧めたものの、朝河自身は商業家を目指しており、尋常中学校を強く希望したといわれている。有名なエピソードとして、中学時代の朝河は、英英辞書を一日二頁暗唱して、暗唱した分を食べてしまうか破り捨てて、表紙だけ残ったので、校庭の桜のもとに埋めたといわれている。かくして中学校も首席で卒業した朝河は、卒業式の答辞も英語で述べ、小学校の英語教授嘱託となって学費を貯めた上で、一八九二年、東京専門学校の文学科に入学した。学費と生活費を稼ぐため、キリスト教系機関誌『六合《りくごう》雑誌』でアルバイトをはじめた朝河は、編集長の横井時雄（本郷教会牧師）を通してキリスト教と出会い、横井から洗礼を受けている。横井もこの後アメリカ留学生となるため、第四章で触れることになる。

　東京専門学校でもきわめて優秀な成績だった朝河は、やはり首席で卒業した。校長は鳩山和夫であった。この間、坪内逍遥《しょうよう》や大西祝《はじめ》といった教師から教えを受け、夏目漱石の講義も聴いている。卒業論文のタイトルは「宗教的生命を論じて究竟《くきょう》の疑に及ぶ」で、プロテスタントの哲学者・大西の影響を強く受けたものであった。朝河はさらに学問を深めるべくアメリカ留学を決意する。

横井からダートマス大学学長のウィリアム・J・タッカーを紹介された朝河に、大西や徳富蘇峰《とくとみそほう》、大隈重信、勝海舟といった人々が渡航費を援助し、渡米が実現した。一八九四年十月二十八日の友人・渡辺熊之助宛の書簡で、朝河は「来秋、此志を提て米国ニ学ばんとす。米国に行けば則ち此志の達せらるゝにあらず、只之に向ふべき方便を加ふるのみ。米国三百許の大学の中最も秀でたる（第三等に指折らるゝ）大学に向はんとす。其の日本に学ぶよりも聊《いささ》か便あらんこと必せり。世界の要衝の地に入らんとす、その将来、人を要すること益々はげしかるべき日本国の為なるや必せり」と記している（朝河貫一書簡編集委員会編『朝河貫一書簡集』）。「日本国の為」という、朝河の留学への決意のほどがうかがえる。

「人類全体の進歩」を目指す

一八九五年十二月七日、朝河は横浜港を発ってアメリカに向かい、翌年一月、ダートマス大学に入学した。もともとプロテスタントの会衆派の学校であったダートマスでは、毎朝礼拝があり、朝河はそのキリスト教的感化と、キリスト教を背景とする自由、さらには民主主義の理念を学び、授業では語学や物理、数学や公共事業などを履修し、卒業後は歴史学者となるべく、大学院進学を目指した。コロンビア、ハーバード、イエール、ジョンズ・ホプキンスなどの大学院が模索されたが、最終的には、朝河の論文「日本封建制の予備研究」を高く評価し、授業料を支給してくれることになったイエールを選ぶことになる。朝河は同校で大学教授を目指すことを父に伝える一八九九年六月十七日付の書簡のなかで、次のように述べた。

> 日本は世界史を理解して、自分の正当の天職をつくさゞるべからず、些々《ささ》たる誤見ニなづみて、天命を失せざるべきことニ候。其の難きことハ申すまでもなく候。又欧米ハ真ニよく日本を理解して、其の進路を妨げず、其の正しき発達を助くべきことニ候。……もし双方の理解今日よりも完《まった》からば、人類全体の進歩はそれだけ完全を加ふることニ候。此の如き高大の相互責任ニおいて、義人のつくすべきことは、いと〳〵多く候はずや。……大学教授として外部に向ひ尽力する所あらば、其の地位の徳ニよりて、おのづから多少世人ニ聴かしむるを得べく候。（同前）

日本と欧米の相互理解により人類の歴史を発展させる、義人として、大学教授として、それを仲介する役割を果たしたいという意欲であった。

一八九九年九月、イエール大学大学院歴史学科に入学した朝河は、ルネッサンス、産業革命、アメリカ外交史などを学び、一九〇二年六月に博士号を取得して卒業した。博士論文のタイトルは「日本における初期の制度的生活─六四五年改革の研究」である。九月には、母校のダートマス大学講師となって、東西交渉史講座を担当することになった。その二年後、日本と欧米との相互理解という理想が試される、日露戦争が勃発する。

3　秋山真之のアメリカ留学

秋山の青少年時代

朝河がイエールで学んでいた頃、ワシントンDCで軍事の研究を進める日本の海軍軍人がいた。日露戦争の日本海海戦で日本海軍を勝利に導くことになる、秋山真之である。

秋山は一八六八年三月二十日、伊予松山藩士・秋山久敬の五男として生まれた。家は貧しく、両親は寺に預けようかと考えたが、兄で、のちに陸軍軍人として活躍することになる好古《よしふる》が、自分が大きくなったら面倒を見るからやめてくれ、と懇願し、実際に陸軍士官となると、秋山の学費を払ったという。秋山は武士としての教育を受け、四書五経をはじめとする儒学を学び、勝山小学校、続いて松山中学校（現・県立松山東高等学校）に進学した。松山中学校は、藩校・明教館を引き継いだ学校で、市内の優秀な生徒が集まった。ここで秋山は、のちの俳人・正岡子規と出会う。子規が上京すると、これに刺激されて秋山も上京することとなり、大学予備門の予備校・共立学校に入学、幕末に渡米した経験のある高橋是清から英語を学んだ。秋山は帝国大学への進学を目指したが、帝大出身者が増加して飽和状態になることを予想して方針を変え、海軍兵学校を志願する。

兵学校の入試に合格した秋山は、一八八六年十月に入学した。在学中に、兵学校は東京の築地から瀬戸内海の江田島に移転している。一学年から卒業年まで首席を守り抜いた秋山は、一八九〇年七月に卒業、卒業生を代表して講演している。少尉候補生となり、実地練習のため戦艦「比叡」に搭乗した。一八九四年に日清戦争がはじまり、秋山は巡洋艦「筑紫」で、偵察や通報などの任務にあたった。

戦後、軍令部諜報課員として中国東北部で勤務していた秋山は、アメリカ留学を命じられる。海軍大臣・山本権兵衛が、日本人に海軍の使命、制海権などを知らしめるため、留学生を送り出すことを決断したのである。選ばれたのは、村上格一、林三子雄《みねお》、財部彪《たからべたけし》、広瀬武夫、そして秋山の五人で、それぞれフランス、ドイツ、イギリス、ロシア、アメリカに派遣された。秋山は官費留学から漏れ、私費での留学となったが、それでも向学心に押されて、留学を決意したといわれている。

秋山は留学に際し、仲間たちに次のように語ったという。

「日本海軍は今までかなりな数の留学生を海外に送った。それぞれに有能だが、あの先輩たちはただその国の海軍技術を身につけて帰ってきただけです。これからはあんなことではダメだと思う。ワシたちは外国から学ぶだけでなく、それを突破して、外国のエッセンスを自主的に使いこなせるところへまで、ぬけださなければウソでしょう。ワシはアメリカへ行くから、戦略、戦術といった方面で、それをやってみるつもりです」（島田謹二『アメリカにおける秋山真之』）

マハンとの出会い

一八九七年、渡米した秋山は、ニューポートの海軍大学校に入学しようと考えたが、すでにアメリカの仮想敵国となっていた日本の軍人の入学は許されず、世界的に著名な兵学家であったアルフレッド・T・マハンに助言を求めると、マハンから「過去の戦史で実例をおしらべなさい。戦史は古代も近代も、陸上も海上も、みんなひっくるめて研究なさるのです。どうして勝ったか、どうして負けたか、勝敗の原因に目をつけてしらべてみるのですね」と独学で戦史研究をするよう勧められる（同前）。

秋山は海軍文庫、海軍大学校図書館などで古今の兵術書を渉猟し、自らの理論を構築すべく、読みふけったという。海軍情報部にも顔を出し、アメリカ陸海軍士官とも積極的に交流した。米西戦争が勃発すると、観戦武官としてアメリカ海軍の運送船「セグランサ」に搭乗して戦場を見聞し、戦後は日本領事館で報告書を書いている。ワシントンＤＣでは、日本公使が星亨《とおる》から小村寿太郎に代わっていた。その後、秋山は兵学校で一期上の井出謙治がアメリカ留学してきたのを受けて面会し、自らの経験を「今までの経験から言うと、日本人とだけ交わっていてはダメだよ。アメリカ人ばかりの中に入っていたおかげで、ワシもどうやら解《わか》るようになったと思うから、キミもひとつ当分の間は、日本人の居ない土地に出掛けて、異人のうずまきの中にとびこんで、自分で磨いてはどうか」と伝えている（同前）。アメリカ人と積極的に交わり、戦史研究を独学で切り開いてきた自負が、秋山を支えていた。

秋山はまもなくイギリス勤務を命じられ、一九〇〇年一月二十日にアメリカを離れた。

日本に帰ったのは八月十四日のことである。そのおよそ五年後の一九〇五年五月二十七日、連合艦隊司令長官・東郷平八郎のもと、作戦参謀として運命の日本海海戦を迎える。

第四章　「神の国」を求めて

1　同志社からイエールへ――小崎弘道、横井時雄、原田助

神学ブームと同志社

ここまで「実学」によるアメリカ留学を見てきたが、新島襄の系譜につらなる「信仰と心」のアメリカ体験について考えてみたい。内村鑑三や新渡戸稲造といった、日露戦争前後に日本人のあり方について、英語で世界に発信し、日本人のイメージを定着させて、政治や外交にも影響を与えていった人物も輩出されているからである。

第二章で取り上げた「エール大学日本学生名簿」に立ち返ってみると、「『ロー・スクール』黄金時代」にやや遅れて、日本人留学生の間で、神学ブームともいうべき現象が起こっていたことがうかがえる。一八七〇年から一八八八年までの約二十年間で、イエールで神学を学んだ日本人留学生はわずか一名に過ぎなかったが、一八八九年から一九一五年までの約二十五年間では、二十六名に急増している。

この節目となった一八八九年には、大日本帝国憲法の制定によって、「日本臣民ハ安寧秩序ヲ妨ケス及臣民タルノ義務ニ背カサル限ニ於テ信教ノ自由ヲ有ス」（第二十八条）と信

教の自由が認められた。そして、条約改正によって欧米列強と対等な条約を締結したことに伴い、一八九九年、日本政府は正式にキリスト教を公認する。それまで、キリスト教の信仰を持つことは「黙許」されていたに過ぎなかったが、外国人が日本国内に「雑居」することに伴って、より積極的に、その信仰を認めたのである。憲法制定と条約改正によって、長く閉ざされてきた信仰の門が開かれたとき、信仰の祖国たるアメリカでキリスト教を学びたい、いわば「神の国」を求めて海を渡る留学生が増えたのも、当然であろう。

この頃の同名簿を見て気がつくことは、同志社関係者が多いことである。同名簿と杉井六郎氏が作成した「イェール大学在籍者リスト」（「イェールの日本人」所収）などによって、同志社関係で明治期にイエールに学んだ主な人物の氏名と在籍年を調べて見ると、中島力造（一八八四年―一八八九年）からはじまって、原田助（一八八九年―一八九一年）、小崎弘道（一八九三年―一八九四年）、横井時雄（一八九四年―一八九六年）、牧野虎次（一八九九年―一九〇二年）、井上良民（一九一一年―一九一二年）に至るまで、三十六名に上っている。

このうち、小崎、横井、原田、牧野は、同志社の社長あるいは総長を務めることになる人物である。同志社のリーダーとして、その歴史において重要な役割を果たしただけでなく、近代日本のキリスト教史にも大きな足跡を残した。牧野の総長就任は一九四一年と時代がやや下るため、以下、小崎、横井、原田の三名を中心に、彼らの軌跡をたどっていこう。

熊本から同志社へ

最も年長の小崎は、一八五六年四月十四日、熊本藩士・小崎次郎左衛門の子として熊本に生まれた。父は武芸に秀でており、由緒ある家として尊敬を集めていたという。幼少期から聡明かつ勉強熱心で、藩校・時習館でも、通常は十八歳で参加が許される講堂での講義に、十二歳で参加した。熊本藩では、アメリカに留学していた横井左平太、太平の兄弟が帰国して一八七一年に熊本洋学校が設立され、小崎も十五歳でここに学んだ。一八七三年に熊本ではじめて小学校が、二年後に中学校が設置され、小崎は両校で算数、数学や英語を教えている。

小崎は幼少期から神仏を尊び、その後儒教を尊崇していた。洋学校の教師であるリロイ・L・ジェーンズからキリスト教を学ぶべきであるという動きが学生間で起こった際も、これに反対し、むしろジェーンズに儒教の教えを説いている。しかし、周囲の友人たちが次々と入信し、その熱情と友情とによって、小崎もジェーンズの集会に参加するようになり、聖書やキリスト教の教理を学んだ。

　一八七六年、洋学校を卒業すると、友人たちが花岡山に登って「奉教趣意書」に署名するが、小崎はキリスト教を選ぶか理性を重んじて儒教に止まるかで迷い、ジェーンズに相談した。ジェーンズからは、まだ信仰の決心がつかないのか、ならば直接神に祈れといわれ、神に祈って信仰に目覚めた。かくして、小崎は受洗し、「熊本バンド」の一員となった。バンドとは群れや一団、部隊のことを意味し、「熊本バンド」は「札幌バンド」「横浜バンド」と並ぶ、日本のプロテスタントにおける源流の一つである。

　同年、ジェーンズの勧めで小崎は同志社英学校の余科（神学校）に入学し、校長の新島襄から教えを受けた。在学中から各地を回り、伝道活動に取り組んでいる。一八七九年にはじめての卒業生として同志社を出、卒業式では英語で論文を朗読している。その後、新島と共に日向地方へ伝道に向かい、上京して京橋に組合教会派の新肴町《しんさかなまち》教会を設立、按手《あんしゅ》礼《れい》を受けた。一八八〇年には植村正久や井深梶之助《いぶかかじのすけ》などと共にキリスト教青年会（ＹＭＣＡ）を設立し、会長に就任している。同年から、『六合雑誌』を刊行して、知識人階級に西欧の新思想を紹介するよう努めることになる。小崎はここで、いちはやく共産主義や社会主義について紹介した。一八八三年、キリスト教に関する雑誌書籍を出版するために警《けい》醒《せい》社を設立、一八八六年には『政教新論』を発表して、儒教を批判しつつ、政教分離の時代において、キリスト教を信じる必要性を説いた。同年、番町教会が設立されて、その牧師となっている。

新島襄の死と留学生活

一八九〇年に新島が死去すると、校長の後任に小崎が推され、小崎は東京での仕事をおいて、京都に赴き、同年に同志社校長に、二年後に同志社社長となった。小崎が渡米したのは、一八九三年、シカゴで開かれた世界宗教大会に出席するためであった。ここで小崎は、「日本における基督教の大勢」と題する論文を朗読している。そして、同年十月から翌年六月まで、イエール大学でカント哲学や宗教哲学、教会史、新約聖書などを学んだ。イエールに学ぶことができたのは、カント哲学を講じていたジョージ・T・ラッド教授の奨学金によったためといわれている。在米中、小崎は多くの神学者と出会い、「学校を真に大学として面目を保つためには伝道会社より独立すべき」とのアドバイスを受けたという（湯浅与三『小崎弘道先生の生涯』）。

小崎は安部磯雄《いそお》と共にイギリスに渡り、ドイツ、フランスを経て帰国した。翌一八九五年、組合教会とアメリカン・ボードの年次総会が開かれると、組合教会はボードからの援助金の受領を謝絶し、日本人信徒の寄付のみによることを決定した。小崎は同志社で、宣教師側と教育方針をめぐって対立しており、また当時、同志社からイエールに留学していた浮田《うきた》和民《かずたみ》が『六合雑誌』上で宣教師を攻撃し、これに対して宣教師側が反発、浮田の帰国後も、その処分を求めて小崎と対立するという事件もあって、小崎はボードから独立すべく奔走し、同志社はボードからの寄付金および派遣教師を断ることになる。

しかし、同志社のハリス理化学校、政法学校、病院などが経営不振に陥り、同志社の学生は徴兵猶予の特典を得ることもできず、それらの責任を取って、小崎は一八九七年に社長を辞任した。以後、小崎は牧師として、伝道者として、国内外で活躍していく。そして日露戦争の際には、ロシア正教を保護する政府の方針に賛同し、「文明国」日本のアピールに、大いに貢献していくこととなる。

横井の留学と同志社の葛藤

この小崎の一歳年下の同郷の友人で、同志社社長を継いだのが、横井時雄である。横井は、一八五七年十月十七日、幕末の思想家として名高い横井小楠《しょうなん》の子として熊本に生まれた。小崎と同じく一八七一年から熊本洋学校に学んでジェーンズの教えを受け、花岡山の「奉教趣意書」に署名している。小崎は、「横井君は、十二三の頃から長崎へ行つて英学を修めてゐられましたから、私らが学校へ入学したときには、もう、どちらかと云ふと、英学の方は余程私らよりも上達されて居たのであります」と振り返っている。信仰面でも、「一番最初に信仰を起こしたものは横井君であります。さうして横井君らは此時代にありて盛んに伝道をしたものであります」という（「波瀾多き横井君の生涯」）。一八七五年に洋学校を卒業した横井は、翌年に東京開成学校に入学したものの退学し、同志社英学校に転じた。聖書学や教会史などを学んでいる。この間に、キリスト教の洗礼を受けた。

　一八七九年に同志社を卒業後、今治で伝道活動に従事し、一八八六年に母校・同志社の教授となり、一年後に東京の本郷教会の牧師に就任した。イエール大学に留学したのは、一八九四年から一八九六年にかけてのことで、主に哲学や歴史学を学んだといわれている。先述のラッドに師事したものであろう。現地の宣教師が開く集会に参加して演説を試み、日本での宣教のあり方について意見交換をしている。横井は、日本人の忠節を支えてきた儒教や神道と、西洋文明との融合を目指し、キリスト教は自由を広める上で貢献できると考えていたという。

その後同志社に復帰し、一八九七年には社長に就任した。キリスト教教育への社会的迫害が強まり、アメリカン・ボードと決裂するなか、横井は徴兵令の適用猶予を獲得すべく、尽力している。文部省は同志社のキリスト教主義教育を懸念して猶予を認可しなかったため、横井は「同志社通則」の「綱領」について、一部を削除することとしたが、これが宣教師から激しい反対を受けるなど混乱を招き、一年半後に社長を辞任している。以後、一九〇一年の逓信《ていしん》省官房長就任を皮切りに、官僚や政治家としても活躍した。

この間、後述する内村鑑三とは深い交友関係を結び、その不敬事件（第一高等中学校で、教育勅語の明治天皇の宸署《しんしょ》に対して内村が最敬礼しなかったとして、教職を追われた事件）に際しても横井は内村を擁護し、自らの本郷教会で聖書講義をさせるなど、面倒を見ている。

同志社とイエールの関係

横井の後、西原清東《さいばらきよき》などを経て、一九〇七年に社長に就任したのが原田助である。一八六三年十一月十日に熊本藩士の子として熊本に生まれた原田は、熊本洋学校でジェーンズの教えを受け、一八八〇年に同志社英学校神学科に入学、翌年に洗礼を受け、一八八五年に神戸教会の牧師に就任している。その後渡米し、一八八九年から一八九一年まで、イエール大学で神学を学んで卒業した。留学に際しては、同志社で教えていたドワイト・W・ラーネッドからアドバイスを受け、イエールに入る前に学識や経験を積むべく、まずシカゴ神学校に学んだが、横井が直接イエールに行くよう勧めたため、イエールに転じたという。帰国後は番町、平安、神戸の三教会の牧師を務めた後、一九〇七年に同志社の社長に就いている。

社長就任式では、イエールから法学博士の学位を授与された伊藤博文、イエール大学学長アーサー・T・ハドレー、そしてラッドなどから祝電が寄せられている。一九一〇年から翌年まで欧米を歴訪、イギリスのエディンバラで開催される世界宣教会議に参加し、エディンバラ大学から法学博士号を、アメリカではアマースト大学から神学博士号を授与され、イエールやハーバードでも講演している。イエールを訪れた際には、同窓会の席で、同志社神学校を日本におけるイエール神学校となしたいと述べた。原田の在任十年余りの間で、同志社は学生数が約三倍に、財産も約三倍に、寄付金も約四倍に増えるなど、発展を見せたが、原田が同志社を留守にしがちであったことなどから、排斥運動が起こり、一九一九年に辞任、一九二〇年にはハワイ大学教授に転じることになる。

このほか、一八五八年七月十八日に熊本に生まれた森田久万人《くまんど》も、熊本洋学校でジェーンズに学んでクリスチャンになったあと、同志社英学校に入学した。一八七九年に卒業すると同校の教師となって英語や心理学、神学などを教え、心理学などの研究のため留学生としてアメリカに派遣されることとなった。イエール大学のラッドのもとに学んだが、それはラッドが日本において評価が高かったことと、同志社のラーネッドの影響があったためで、荒川歩氏は同志社とイエールの「両校はなんらかの協定を結んでいた可能性がある」と指摘している（「同志社英学校からエール大学のラッドの元への森田久万人の派遣とその成果」）。同志社からの多くの留学生がイエールで学んでいたことを考えると、その可能性は十分にあろう。森田は一八八九年から一八九二年まで、ラッドのもとで哲学や心理学、倫理学などを学び、哲学博士号を取得して、帰国後は同志社神学校の教授となっている。

　また、一八五九年十二月二十八日に熊本に生まれた浮田和民も、熊本洋学校に学んで受洗し、同志社英学校でラーネッドの影響を受け、一八九二年から一八九四年まで、イエール大学で主にラッドの指導下で哲学や歴史学、政治学、社会学の研究に従事している。帰国後は、東京専門学校、のち早稲田大学の教授などとなって政治学者として功績を残した。

　同志社とイエールの縁の背景には、新島の影響があった。新島は一八六九年にイエール大学の卒業式や美術館などを見学し、一八七二年にもイエールを参観してノア・T・ポーター学長から歓待を受けており、一八七四年に帰国する途上でもニューヘブンに立ち寄って、イエール大学附属教会の礼拝に出席し、ポーターから見送られている。杉井六郎氏は、「新島には公私ともにハーバード大学を訪問した記録はなく、逆に、イェール大学との結びつきはきわめて顕著である」と指摘している（「イェールの日本人」）。

両校の絆の結節点

両校を具体的に結んでいたのは、同志社側ではラーネッド、イエール側ではラッドだったようである。ラーネッドは、一八四八年十月十二日、コネチカット州に生まれ、一八七〇年にイエール大学を卒業、一八七三年に同大学院を修了して哲学博士号を取得した宣教師で、一八七六年に同志社の教授となり、経済学やギリシャ語、キリスト教会史、新約聖書、聖書神学などを講じていた。住谷《すみや》悦治氏は、その影響力について、「新島氏が神に召されてからと云うものは、ラ博士がいたればこそ同志社は次第に学府の体裁を具えて来たといわれている」と評している（『ラーネッド博士伝』）。憲法制定などを機会として、ラーネッドは同志社の学生や卒業生などに母校への留学を促したのであろう。一八九六年にはイエールから神学博士号を受けており、母校との関係は続いていた。一八七九年の同志社

第一回の卒業式で、卒業生の山崎為徳《ためのり》は、同志社が日本においてイエール、アンドーヴァーのような学校となることを期待していると述べているが、これなどもラーネッドと新島の影響であろう。

心理学者、哲学者、神学者であったラッドは、一八四二年一月十九日にオハイオ州に生まれ、一八六四年にウェスタン・レザーブ・カレッジを、一八六九年にアンドーヴァー神学校を卒業した。ボウディン・カレッジで教鞭を執ったあと、一八八一年にイエール大学に着任し、以後、一九〇五年まで、同大で教育に尽力することになる。イエールでは哲学と心理学を担当した。頻繁に日本を訪れていたことでも知られ、日本でも宗教哲学や心理学などを講じている。一八九二年に来日した際には森田久万人がその手続きに関わっており、ラッドは同志社で宗教哲学の講義を行い、さらに東京帝国大学でも講演し、聴講していた松本亦太郎《またたろう》はラッドから留学の便宜をはかってもらうことに成功し、一八九九年にイエールで博士号を取得、その後、東京帝大教授となって心理学を担当している。松本もまた、同志社英学校に学んだ一人であった。ラッドは、アンドーヴァー神学校を新島の入学と入れ替わりで卒業しているが、現地で二人は会っていたようで、ラッドは同志社での講演で、「故新島君アンドウアにありて基督《キリスト》教信徒の表白をせられたる時恰《あたか》も余ハ同校に在りき」と回想している（ラッド述『宗教哲学』）。その縁もあって、同志社とイエールとを積極的に接続していたのであろう。

ともあれ、同志社のイエール留学生の系譜をたどると、熊本出身者が目立つことに気づく。『同志社百年史』（通史編・一）は、「熊本洋学校の一団が七六年七月以降、大挙して入学したことは、同志社にとってまことに意義の大きい『輸血』であり、そして新島襄の所期した同志社の基盤形成の力となった」としている。ラーネッドは、熊本バンドの人々がいなければ、同志社の進歩は遅々たるものであっただろうと評価しており、このことも、イエール留学生に熊本出身者が多い背景になっているのかもしれない。

2　内村鑑三の見たアメリカ

武士道的キリスト者の誕生

無教会派のキリスト教指導者として多方面で活躍し、日露戦争に際しては非戦論を唱えることになる内村鑑三は、彼らにやや先駆けて、渡米している。

内村は、一八六一年二月十三日、上州高崎藩士の長男として、江戸の藩邸で生まれた。

内村家の先祖は、かつてキリシタン征伐で功績を挙げ、それによって士分に取り立てられたという。祖父も父も典型的な武士であり、内村は『余はいかにしてキリスト信徒となりしか』（一八九五年刊）で、「家は武士階級に属していましたので、私はゆりかごのうちから、すでに生くるは戦うなり（*vivere est militare*）、戦うために生まれたのです」（傍点原文）と述べている。武士としての強いアイデンティティーがうかがえよう。父・宜之《よしゆき》は儒学者で、内村も幼年時、すでに『唐詩選』を暗唱して、『日本外史』や『太平記』などを通じて、歴史への関心を深めた。七歳で高崎に移り、父や弟と共に魚を捕ったという。このことから、魚類に関心を抱き、のちに魚類学を専攻することになる。

高崎の英学校に学び、一八七三年に上京して有馬私学校英語科に入学、翌年に東京外国語学校英語科（のち、英語科が東京英語学校として独立）の下等四級に編入された。アメリカ人教師マリオン・M・スコットによるグループ・メソッドと呼ばれる英語教育を受けた。この学校で、新渡戸稲造や宮部金吾（のち、北海道帝国大学教授）などと親交を結んでいる。

一八七七年、官立農学校である札幌農学校（現・北海道大学）の第二期生として入学することとなり、品川から船で小樽に渡り、漁船と馬で札幌に赴いた。この頃には、日常生活は英語で送っていたらしい。同校では農業実務を英語で教えるほか、心理学や経済学など、リベラル・アーツも学ばせていた。初代教頭はマサチューセッツ農科大学学長だったウィリアム・S・クラークだ。キリスト教の教義を説くことはしなかったけれども、その人格によって学生の尊敬を集め、自然にその信仰への畏敬の念をかき立てていき、多くのクリスチャンを生んだ。ただ、内村が札幌に到着したとき、すでにクラークはアメリカに帰国していた。内村はクラークの教えを直接受けた第一期生を通じて、影響を受けることになる。

　クラークは、「イエスを信ずる者の誓約書」を残していた。英文で、キリスト教を信仰し、安息日を守り、詐欺や窃盗、姦淫を犯さず、絶えず祈ることなど、クリスチャンとしての義務を果たすことが記され、これを誓った人々が署名をしたものである。一期生の佐藤昌介《しょうすけ》がこれを管理しており、希望者が出ると佐藤が英語で祝禱して署名をさせていた。一期生の猛烈な勧誘を受けて、内村は抵抗したものの、二期生のうち最後から二、三番目に署名をした。署名後、それまで執着していた多神教崇拝から解放され、唯一神信仰によって内村の生活は、彩りに満ちていった。一八七八年六月、内村はアメリカ人宣教師メリマン・C・ハリスから洗礼を受けている。まだ札幌に教会はなく、洗礼を受けた仲間たちが、あるいは牧師役を務め、あるいは勝手な方法で祈禱を行って、祈禱会を守った。いわゆる「札幌バンド」の誕生である。

内村の成績は入学以来、一貫して首席で、一八八一年に卒業を迎えた。卒業演説は「漁業も亦学術の一なり」だった。開拓使に出仕して漁業調査や水産学の研究をする傍ら、札幌独立基督教会を旗揚げする。内村は役人を一旦辞職するものの、その後上京して一八八二年に農商務省に出仕し、「日本産魚類目録」の作成にあたった。

シカゴで見た拝金主義

一八九四年に行った講話をまとめた『後世への最大遺物』（一八九七年刊）で、上京した際のことを内村は「札幌から山男になつて東京に出て来ました。……其時分は私の希望と云ふものは、後世に遺すものは何んであつたかと云ふと、私は実業教育を受けたものだから、勿論金が遺したかつた、億万の富を日本に遺して、日本を救つて遣りたいと云ふ考でございました」と振り返っている。上京の翌々年三月には同志社を出た浅田タケと恋愛結婚しているが、すぐに関係は破綻した。内村は精神的に相当追い詰められたらしい。

その内村にとって、アメリカは「聖地」であった。内村は『余はいかにしてキリスト信徒となりしか』で記している。「キリスト教国と英語を話す国民について、私は特別の尊敬の念をもってみていました。……キリスト教国アメリカに対して、りっぱで敬虔で清教徒的であるとの考えを抱いていました」。その憧れを抱き、結婚に失敗したという傷を抱きつつ、経済的保証もないまま、いわば避難するようにして渡米した。

一八八四年十一月六日に横浜を出港し、サンフランシスコに到着したのが二十四日である。内村は、シカゴなどの大都会で、仲間がスリに遭い、拝金主義の横行を目のあたりにし、中国人と間違われて人種差別を受けるなど、堕落したアメリカ社会に衝撃を受ける。このことが、内村に「キリスト教文化」と「キリスト教」、いわば「文明」と「福音」を分離して捉える視座を提供したとされる。

そうした中で、内村はペンシルベニア州フィラデルフィア郊外にあるエルウィンの知的障害児施設の院長、アイザック・N・カーリンと出会い、そこで看護人として働くことになる。労働環境は過酷であった。カーリン夫人は、内村にハーバード大学への進学を勧め、ある知人はペンシルベニア大学医学部への進学を推奨し、学費提供を申し出てくれた。新島襄は母校であるアマースト大学に入ることを勧めて、二人は面会し、新島がジュリアス・H・シーリー学長への推薦状を書いてくれることになった。

内村の「回心」

日本にいたときからシーリーの令名に触れていた内村は、一八八五年、マサチューセッツ州のアマースト大学に編入学した。ニューイングランドは内村にとって、信仰の故郷でもあった。内村がハーバードではなくアマーストを選んだことについて鈴木範久氏は、「官軍、東京大学、ハーヴァード大学を陽とするならば、佐幕派、札幌農学校、アマスト大学は陰である。……前者のコースを悠々と行く能力を備えた鑑三が、その人生において、後者の道を歩み、またそれを選んだことは、他の陰を帯びて人生を歩む人間への共感を育てることになったのではないか。……無教会の唱道も、同じ対照の延長上にある」と指摘する（『内村鑑三』）。

シーリー学長は大いに歓迎してくれた。はじめての出会いの場面を、内村は『余はいかにしてキリスト信徒となりしか』で次のように記している。

> やがて学長の家の玄関に立ちました。友人の一人が前もって私の名前を通じてありましたので、学長は一人の若い粗野な人間の来訪を知っていました。私は応接間に通され、そこで学長の知性とプラトンのような威厳の前に身をたじろがせる瞬間を待っていまし

た。……扉が開きました。見よ、その優しさ！　大きながっちりとした体軀、涙でうるんだ獅子のような目、力をこめた温かい握手、歓迎と情愛あふれるもの静かな言葉――どうしたことでしょう。これは会う前に私の描いた姿とも心とも異なりました。私はただちに心がたいへんくつろぐのを感じました。私に対する支援を学長はとても喜んで約束してくれましたので、私はお世話になることにしました。私は退出しました。そのときから私のキリスト教はまったく新しい道をたどることになりました。

内村はシーリーの人格と信仰を尊敬し、終生の師と仰ぐこととなる。内村は同書で述べている。「私に最も大きな影響を与え私を変えたのは偉大な学長自身でありました。彼がチャペルに立って、讃美歌を指示し聖書を読み、祈りをする、それだけで十分でした」。このアマースト時代に、内村はシーリーの影響を受けて「回心」を経験している。同書に収められた一八八六年三月八日の日記には、次のようにある。

> 私の生涯で非常に重要な日。キリストの贖罪《しょくざい》の力が、今日ほど明らかにあらわれた日はなかった。これまで私の心をうちのめしてきたあらゆる困難の解決は、カミの子の十字

架のうちにある。キリストが、すべての私の負い目を贖《あがな》って、堕落前の原人（first man）の純粋と無垢とに私を戻すことができるのだ。いまや私はカミの子であり、私のなすべきつとめはイエスを信じることである。イエスのお蔭でカミは私の望むものをなんでも与えてくれるであろう。カミはその栄光のために私を用い、最後には天国で私を救うだろう。（傍点原文）

神学校での挫折

一八八七年、内村はアマースト大学を卒業した。卒業式の日に、同級生と記念樹を植えている。「私に教へて呉れたアマスト大学を去るときに何か遺したいと思ふて私は同志と一緒に卒業の日に特別の会を開き愛樹を一本校内に植ゑて来た。是は四年も育てられた。私の厚愛を遺して置いた為であつた」（『後世への最大遺物』）。内村は、牧師になることを目指して、ハートフォード神学校に入学する。しかし、アメリカの神学は職業的・世俗的だと、幻滅することになる。

日本人に対する伝道を考えていた内村は、より日本人に合った方法が必要であり、アメリカ神学は不要だと思えたのである。「アメリカの神学校は、とくにアメリカの教会のために役立つ青年の養成を目指して設立されていて、その国とは異なる環境の伝道地で働くように定められた人を養成するには最適なところではないのです」（『余はいかにしてキリスト信徒となりしか』）。ハートフォードの神学教育がビジネスライクで、シーリーのような深い信仰を感じることができなかった、ともいわれる。

かくして内村はアメリカ留学を打ち切り、一八八八年五月、帰国することになる。渡米時に拝金主義に出会ってショックを受けた内村だったが、その後、慈善家の活動を知り、「亜米利加《アメリカ》人の中に、或る金持がありました、清き望を以て金を溜めまして。それを清きことの為に用ゐたと云ふことは、亜米利加の今日の盛大を致した大原因であると云ふこと丈は、私も解つて帰つて来ました」と振り返っている（『後世への最大遺物』）。

帰国の船上で内村はこう感じたと、『余はいかにしてキリスト信徒となりしか』に記している。「ああ、私は多くの戦いで主を求めました。私は主を見いだし、主はただちに主の戦場に赴けと命じたのです！　これは武士の家に生まれた者の定めです」。

かくして、アメリカで「回心」を遂げた内村は、第一高等中学校をはじめ多くの学校で教師として教え、あるいは新聞記者として働き、研究雑誌『東京独立雑誌』、『聖書之研究』の刊行を軸に、無教会派のキリスト者として「武士道的キリスト教」を唱道し、二つのJ──「Jesus」と「Japan」──のために、生涯を捧げていくことになる。

3　太平洋の架け橋へ──新渡戸稲造のアメリカ留学

マッチとオルゴール──西洋との出会い

内村と共に札幌農学校で学んだのが新渡戸稲造である。のちに国際連盟事務次長として活躍するなど、日本とアメリカの架け橋となった。ある世代より上の方には、五千円札の肖像としてなじみ深い人物であろう。

一八六二年八月八日、盛岡藩士の三男として、盛岡城下に生まれた。父・十次郎は江戸詰の勘定奉行で、オランダ製のマッチ箱やスイス製のオルゴールなどを盛岡に持ち帰り、母・勢喜《せき》も滋養にいいといって牛肉を食卓に出すなど、新渡戸は幼少期から西洋文明に触れて育った。『幼き日の思い出』（一九三四年刊）で新渡戸は、「これらの物、マッチ、オルゴール、ナイフとフォークなどが、わが家における西洋文明の最初の前ぶれであった。……私の家についていえば、いろいろの点で平均よりは上の裕福な家族といえた」と述懐している。かかりつけ医からは、英語の手ほどきも受け、次第に英語への関心を深めていく。四歳で武士の子として、四書五経や剣術の稽古などを受けはじめたが、一八六八年にはじまった戊辰戦争で、盛岡藩は賊軍となってしまう。

盛岡藩は失地回復をはかるべく、学問を奨励し、それによって立身の道を開拓することを目指した。父はすでに亡く、母が新渡戸を東京の叔父・太田時敏の養子にして上京させることを決意する。かくして新渡戸は太田姓を名乗ることとなり（のち、一八八九年に兄の死に伴って新渡戸家に復籍）、駕籠《かご》で上京する。一八七一年八月のことであった。養父はキリスト教嫌いで武士気質の強い人物で、新渡戸をキリスト教宣教師の学校に入れることはせず、築地の外国人英学校に入学させ、英語を学ばせた。翌年、新渡戸は、旧盛岡藩主・南部利恭《としゆき》の設立した英学校・共慣義塾に入り、英語を継続して学び、漢学や国語の勉強も並行して進めた。新渡戸は成績優秀で、一八七三年には、東京外国語学校英語科（翌年より東京英語学校）に進学する。

ここで新渡戸は、先述のスコットと出会い、ウィリアム・シェークスピアやフランシス・ベーコン、ジョン・ミルトン、オリヴァー・ゴールドスミスなどの文章に触れて、英文学への関心をかき立てられることになる。新渡戸は「M・M・スコット先生のように私の好学心をもえ上がらせてくれた教師に師事したことは、後にも前《さき》にもなかった。おそらく多くの同窓生が私同様心から感謝の気持を、このケンタッキー出身の老練な教育者に抱いていたことと思う。彼は教育者として最高であった」（『幼き日の思い出』）と回想している。新渡戸はキリスト教への関心も抱きはじめ、スコットに「日本にキリスト教を伝える重要性」と題する作文を提出している。まだ日本語版の聖書は刊行されていなかったため、新渡戸は英語版の聖書も購入した。

「没落士族」に魅力的だった札幌農学校

一八七七年、新渡戸は東京英語学校を退学し、札幌農学校に入学した。内村と同じ、第二期生である。クラークはすでに去っていたが、マサチューセッツ農科大学で学んだ堀誠太郎が、クラークの人柄や札幌農学校の使命と教育内容について説明し、新渡戸はそれに感化された。新渡戸は次のように回想する。「農学校という名にもかかわらず、その学校は農夫をおくり出すことを目標としていなかった。その目的は若者を国家の行政機関の任務につけるよう訓練することにあった。そうすることで、本州からの移住者を安定させ、新しい土地を開発し、新しい社会を造ることができる。その役人の説明は、私の目指す新しい大望に、まさにぴったり合っていた」（同前）。東京英語学校在籍中、明治天皇が東北を巡幸しており、新渡戸家に立ち寄って、農業に励むよう激励していたことも、新渡戸が農業を目指す動機となった。このとき、明治天皇は下賜金を与えており、新渡戸はそれで聖書を買っている。兄の道郎が、津田仙《せん》（津田梅子の父）の設立した農業学校・学農社で農学を学んでいたことも、影響をあたえた。

札幌農学校は官立で、授業料のほか、宿舎や食費、日用品に至るまで、学校が負担し、小遣いまで与えてくれた。内村や新渡戸のような「没落士族」にとって、こうした厚遇が魅力だったのは、いうまでもない。

クラークが残した「イエスを信ずる者の誓約書」に、新渡戸は真っ先に署名し、一八七七年十月二十七日付の養父宛書簡で、「私事元来耶蘇《やそ》教を貴びたる故当時は全く彼の宗ニ相成《あいなり》候」と伝えている（東京女子大学新渡戸稲造研究会編『新渡戸稲造研究』）。さらに、翌年一月二十一日には同じく養父に宛てて「築地之耶蘇教会へ御出席なされ能《よ》く耶蘇宗門之信実或は神之有る事等を御習被下度《くだされたく》願上存候」と教会に行くよう勧めた（同前）。同年六月、新渡戸は内村と共にハリス牧師から洗礼を受けた。クリスチャン・ネームは新渡戸がパウロ、内村はヨナタンである。このように、信仰的にも、また学問的にも、スポーツでも、新渡戸は明朗快活で、仲間から「アクチーヴ」と呼ばれるほどだったが、三年生になる頃から、思想的、信仰的に混沌とし、教会にも足を運ばなくなった。世間における名誉や立身に対する願望と、キリスト教のいう道徳的価値の追求との間の矛盾に、葛藤していたといわれる。

内村は『余はいかにしてキリスト信徒となりしか』で新渡戸について次のように評している。「パウロは、『学者』でした。神経痛に悩まされ、また近眼でもありました。彼はあらゆることに疑問をもつばかりか、新しく疑問を作り出すこともできました。受け容れる前にはなんでも試して吟味しなければ承知しないのです」。

新渡戸自身も、一九二八年刊行の『東西相触れて』所収の「カーライルに負ふもの」で、「無《む》暗《やみ》に読書好きとなり、一種の憂鬱を感ずるやうになり、それが友人の間にも知れ渡り、今回はモンク（寺坊主）といふ綽名《あだな》を受けた位であつた。何となく心の底に一種の不安を感じ、所謂《いわゆる》《ママ》レストレッスで何かを得んとする気持となつた」と述懐している。

一八八〇年、新渡戸は神経症の治療のために一旦札幌を離れ、盛岡を経て上京するが、この間、盛岡では母の訃報に接した。上京した新渡戸は、札幌時代に寄宿舎で読んで感銘を受けたトーマス・カーライルの著作、とりわけ『サーター・レザータス』（Sartor Resartus、邦題『衣服哲学』）を探し回って、ようやく一冊を手に入れている。父母を失い、悲しみ苦しみながら成長していく主人公の姿に、自分を重ねていたのであろう。「カーライルに負ふもの」で新渡戸は、「読めば読むほど我輩の心に反響する点が多く、幾回となく繰返して読んだ。当時より今日に至るまで……二十八回読んだのを記憶してゐる」と回顧している。

東大に幻滅する

一八八一年、新渡戸は札幌に戻り、農学校を卒業して開拓使御用掛となり、翌年には眼病を得て治療のために上京するものの、札幌農学校予科で教鞭を執っている。一八八三年五月、新渡戸は辞職して上京し、東京大学選科に入学した。しかし、教育内容がお粗末で、新渡戸は幻滅する。一八八四年四月二十日付の友人・宮部金吾宛の書簡で新渡戸は、「ぼくは、〝大学〟の授業に愛想がつきました。大学では、思う存分教えを受けられるものと思っていたが、そうではありません。本はたくさんあるが、良い先生にとぼしいのです。……ぼくが東京に出て大学に入ったのは、あまりにも軽率で、早計であったかもしれない」とこぼしている（新渡戸稲造全集編集委員会編『新渡戸稲造全集』第二十二巻）。『帰雁の蘆』（一九〇七年刊）でも新渡戸は、「斯《こん》な処に学問したなら最高位に達しても、鳥無き里の蝙蝠に過ぎない……苟《いやし》くも学に志す以上は、自分の知識発展、心の修養、人として己に羞ぢず、地に低くとも天に高く、人に卑しめらるゝも神に愛せられんには、第一己を磨かざるべからず、それには広い世界に出なければ、唯々遅れるのみと思ひ定めたのが、洋行直接の動機であつた」と回想している。

　新渡戸はアメリカに留学することを決意し、養父の賛成を得ることに成功する。八月四日付宮部宛書簡で新渡戸は決意を示している。「ぼくは、東京を去って米国へ行くことになりました。充分な学資の用意もないまま行きます。いちかばちかやってみます。それはあまりに大胆すぎるかもしれないが、よく考えてみると、人生は結局のところ、思い切って冒険を試みる以外にないのです。ぼくは行くことに決心しました」（『新渡戸稲造全集』第二十二巻）。

　一八八四年九月に横浜を出港した新渡戸は、すでに帰国していたハリスを頼り、その夫人の母校であるペンシルベニア州のアレゲニー大学に入学する。ドイツ語や哲学、論文の修辞法などを学んだが、入学後間もなく、メリーランド州のジョンズ・ホプキンス大学に留学していた佐藤昌介から、こちらに来ないかと誘われる。新渡戸はその誘いに乗り、ジョンズ・ホプキンス大学に転じた。同校では、学長のダニエル・C・ギルマンが親身になって世話をしてくれ、新渡戸は歴史や政治、国際法などを中心に学んで、歴史・政治学セミナーでは、のちに大統領となるトーマス・W・ウィルソンとも同席している。

クエーカーとの出会い

在学中、クエーカー（フレンド派）と出会い、簡素で神霊を求める姿勢に感銘を受け、教会から足が遠のいていた新渡戸は、一八八六年十二月、クエーカー教徒となった。「集会は黙座冥想を主とし、各自直接神霊に交はるを以て礼拝とする如き、頗《すこぶ》る僕の気に入つた」（『帰雁の蘆』）。以後、その死に至るまで、一貫してこの信仰を守り続けた。大学卒業を控えた新渡戸は、先に卒業して札幌農学校の教授となっていた佐藤の推薦で、農学校に採用され、そのままドイツに留学することになる。かくして新渡戸は一八八七年五月、アメリカを発ってイギリス、オランダを経由し、ドイツに向かった。農政学研究のためである。

新渡戸はその後、ドイツのハレ大学で文学士、哲学博士号を取得し、帰国後は札幌農学校の教授を皮切りに、台湾総督府技師、京都帝国大学教授、東京帝国大学教授などを経て、第一次世界大戦後に国際連盟が発足すると、事務次長に就任している。

『武士道』の執筆

この間、第五章で述べる日露戦争の際に重要な役割を果たす、『武士道』（一九〇〇年刊）を英文で書いている。病気療養中に書かれたこの本は、武士の「義」や「礼」、「名誉」、「忠義」、「克己」の精神などについて説いたもので、献辞に、「過去を敬うことならびに武士の徳行を慕うことを私に教えたる我が愛する叔父太田時敏にこの小著をささぐ」とあるように、叔父・太田の多大な影響を受けて成り立ったものであった。

直接の執筆のきっかけとなったのは、ベルギーで法学者のエミール・ド・ラヴレーの歓待を受けた際の会話であった。ラヴレーは「あなたのお国の学校には宗教教育はない、とおっしゃるのですか」と問い、「ありません」と新渡戸が答えると、「宗教なし！　どうして道徳教育を授けるのですか」とラヴレーは驚いた。この質問に即答できなかった新渡戸は、「私の正邪善悪の観念を形成している各種の要素の分析を始めてから、これらの観念を私の鼻腔に吹きこんだものは武士道であることをようやく見いだした」上で、「ド・ラヴレー氏ならびに私の妻に満足なる答えを与えようと試みた」のである。妻とはアメリカ人のメアリー・エルキントンのことで、「かくかくの思想もしくは風習が日本にあまねく行なわれているのはいかなる理由であるか」と新渡戸に質問したという（『武士道』第一版序）。

その意味で、『武士道』は、西欧に向けての発信と応答の書であった。新渡戸自身、太平洋の架け橋となるべく、日本の思想・文化を発信することを使命としており、キリスト教国家ではない日本にも、歴史によって培われた倫理道徳があることを示すために、これを記した。このため、西洋の思想や文学作品などが、日本や中国の古典と共に、多数引用されている。東西両文明間の共通点を探ろうとする姿勢は、終始一貫しており、たとえば一九二七年の早稲田大学での講演「西洋の事情と思想」で、新渡戸は次のように述べている。

> 日本人はあくまで日本人だ、日本人には西洋人のことはわからないとか、同様に西洋人もまた日本人のことはわからぬ、といふやうな議論をしば〳〵聞くけれども、西洋人も人ならば、日本人も人である。人としての共通点があり得るならば、東西の差異を論ずると同時に、またその共通点をも大いに記憶してゐなければならないと思ふのである。

（新渡戸稲造全集編集委員会編『新渡戸稲造全集』第六巻）

新渡戸はアメリカでキリスト教、いわば「神の国」を再発見し、日本と西洋の橋渡し役を果たそうと努めることになったわけである。

同志社関係者たちや内村は、「神の国」を求めてアメリカに渡り、そこで神学を学び、恩師と出会い、内村は信仰的な「回心」を経験した。新渡戸は「神の国」を再発見して、キリスト教信仰を取り戻した。もともと、イギリス国教会の宗教弾圧から逃れて、一六二〇年、信教の自由を求め、メイフラワー号でアメリカ大陸のニューイングランドに渡った清教徒（ピューリタン）たちが、建国の基礎を築いたとされてきたのが、アメリカという国である。一七七六年に採択された独立宣言には、すべての人間は平等であって、創造主によって、生命と自由、幸福の追求を含んだ不可侵の権利が与えられていることが謳《うた》われている。その思想に、日本のクリスチャンたちは理想を見たのである。

第五章　「集大成」としての日露戦争

1　日露戦争と広報外交

「文明」を目指して

日本は日清戦争（一八九四年―一八九五年）での勝利を契機に列強への階段をのぼりはじめ、アメリカもまた、一八九八年の米西戦争での勝利によって世界政治の舞台に躍り出て、十九世紀の世界では「脇役」だった両国は、二十世紀において、欧州列強と共に世界史の中心的な役割を演じはじめることとなった。

その両国が出会い、密接な関係を構築して世界史を動かしたのが、日露戦争（一九〇四年―一九〇五年）である。この戦争には、これまで紹介してきた留学生たちが総登場する。いわば、アメリカ留学の「集大成」ともいえる出来事であった。

その際のキーワードは「文明」であった。日本はこの戦争の構図を、「文明国」対「野蛮国」の戦争であると宣伝し、ロシアが示した「キリスト教国」対「異教国」という構図に対抗しようとした。日本は、中立国アメリカの支持と仲裁を引き出し、同盟国イギリスをつなぎ止め、戦費獲得のための外債募集を成功させるべく、英米と同じ「文明国」であることを、強調したのである。

日本とアメリカが同じ「文明国」である、というメッセージは、日本が一方的に欧米に対して発したものではなかった。プロローグで記したように、日露戦争開戦の三年前、アメリカ、とりわけ本書で考察の対象にしてきたイェール大学から、日本に対して寄せられたメッセージでもあったのである。その受け手は、日本を「文明国」たらしめるべく、首相として、元老として、立憲体制の構築を主導してきた伊藤博文であった。

アメリカの仲介を引き出せ

日清戦争後の三国干渉により、日本は清国から獲得した遼東半島を返還することになり、日本国内では干渉を主導したロシアに対して、いわゆる「臥薪嘗胆《がしんしょうたん》」の感情が残ることになる。義和団事件への対処のため日露など各国は出兵したが、ロシアは満洲に居座り、日本の国防上の拠点である朝鮮半島への進出を画策する。伊藤は日露協商を構想したが、一九〇二年に提携された日英同盟が、ロシアを仮想敵国としたことで、挫折した。かくして、一九〇四年、日露戦争が勃発する。

以下、主に松村正義氏の『日露戦争と金子堅太郎―広報外交の研究』の成果に依りながら、金子と広報外交の展開について論じていきたい。
一九〇四年二月四日、元老と閣僚が明治天皇の前に出席して開催された御前会議で、ロシアに対する国交断絶の最後通告案が決定される。この日、元老で枢密院議長であった伊藤は、明治憲法制定以来、自らの腹心であった男爵で貴族院議員の金子堅太郎を呼び出し、渡米を依頼する。伊藤は、日露の戦争終結を仲介する役割を、アメリカに期待した。イギリスは日本の同盟国であり、フランスはロシアの同盟国、ドイツも反日的であるため、間に立ってくれる適役はアメリカしかいない、というのが伊藤の見解であった。伊藤は、金子がローズヴェルト大統領と懇意な関係にあることを知っていたことから、大統領に講和の斡旋を依頼し、アメリカ世論の親日化を図るよう、求めたのである。

金子は鳩山和夫や小村寿太郎、目賀田種太郎といった適任者を挙げて、自分は辞退したいと申し出たが、「それは皆夫々《それぞれ》立派な人に違ひないけれども、ルーズベルト氏との関係は君が一番親密だ。君の外にない。君が往《ゆ》かなければ亜米利加は取逃がす」と説得される。金子は、「閣下の外に此任務を遂げる者はない」と伊藤こそがその任にあたるべきではないかと、なおも抵抗したが、「陛下から伊藤は我が左右を離れては困る。此日露戦役中は伊藤を我が左右に置いて、総《すべ》ての事を相談をするから、海外に往くことは相成らぬと云ふ御沙汰があったから、僕は往きたくても往けない」と応じられ、結局、「身を賭して」国家のために働くことを決意した（金子堅太郎述／東京府教育会編『日露戦役秘録』）。先述の通り、伊藤はローズヴェルトと面識があったから、渡米したい意欲はあったろうが、明治天皇の沙汰によりかなわず、金子に白羽の矢が立ったわけである。

金子は桂太郎首相と会談し、桂から、困難な使命を完遂するために、特命全権大使や枢密顧問官の称号を与える旨、提案された。希望があればどんな官職でも与えるともいわれたが、金子は官職を帯びるとアメリカでの行動が政府に影響を与えてしまうから、あくまで自分の責任で行動したいとして、断った。また、現地の新聞を買収してはどうか、そのために資金を提供する、とも提案されたが、一部の新聞を操れば他紙から連合して反対を受けるとして、これも辞退した。

小村寿太郎外相からは、渡米にあたって、「帝国政府ハ露国政府ト妥協ノ為メ一切ノ手段ヲ尽シ」たにもかかわらず、「露国ノ行動ノ為メ」開戦を余儀なくされたことを「米国人ノ脳中ニ徹底セシムルコト」、ロシア側が主張する黄禍論が「欧米人ノ思想中ニ今尚伏在」しているとして、「之レカ再発ヲ予防スルコト」、日本は「今後米国トノ関係ハ益々親密ナラシメンコトヲ切望スルニ付此希望ヲ貫徹スルニ努メ」ること、などの指示を受けた

（「日露戦役関係各国輿論啓発ノ為末松、金子両男爵欧米へ派遣一件　第三巻」）。

金子と高橋は同じ船でアメリカに向かった

二月二十四日、金子は阪井徳太郎、鈴木純一郎の二名の随員を伴って横浜港を発ち、アメリカ船サイベリア号でアメリカに向かう。金子は一八九九年に母校のハーバード大学から名誉法学博士号を授与されており、それ以来の渡米であった。なお、同じ船には、日銀副総裁の高橋是清も乗っていた。日本は当時の国家予算に相当する莫大な戦費を調達するため、欧米各国で外債を募集しなければならず、高橋はその任務にあたったのである。高橋は井上馨から外債募集のためロンドンに赴くことを依頼され、一旦は断ったものの、度重なる要請を断り切れず、これに応じたという。高橋は自伝で、井上に「委任したる全権者に絶対の信用を置かれたい。もし政府においてこの決心が出来なければ、私は到底この大任を引き受けることは出来ません」と述べて、全権委任を取り付けたと振り返っている（『高橋是清自伝』下）。以後、高橋はニューヨークを経てロンドンに到着し、外債募集のために奮闘することになり、五回にわたる公債発行によって、巨額の戦費を調達することに成功した。この間、二月六日にロシア政府に宣戦布告文を提出したのが、駐露公使でハーバード出身の栗野慎一郎である。文字通り、幕末明治期のアメリカ留学生を総動員しての、戦争遂行と終結への挑戦であった。

　金子は、三月十一日にサンフランシスコに到着するとすぐに、現地紙の取材に応じ、日本がペリー来航以来、アメリカから文明を移入してきたこと、多数の日本人留学生がアメリカに学び、外務大臣にはハーバード出身の小村がおり、駐露公使にはやはり同大出身の栗野がいること、日本は「自国防衛」と「東洋平和」、「正義人道」のためにロシアと戦っていることなどを語り、この戦争を「異教国民」と「基督教国民」との戦いであるとする勢力があるが、あくまで「文明」と「野蛮」、「自衛主義」と「侵略主義」、「憲政」と「武断」の戦いであることを強調した（「日露戦役関係各国輿論啓発ノ為末松、金子両男爵欧米へ派遣一件　第三巻」）。

　シカゴを経てニューヨークに到着した金子は、現地の世論が、強大国ロシアに立ち向かう「アンダー・ドッグ」（負け犬）たる日本に同情的であることを感じ取り、やはり現地の新聞に対して、ロシア側こそ東洋の平和の攪乱者《かくらんしゃ》であることを強調した。

ローズヴェルトのアドバイス

金子がローズヴェルト大統領と知り合ったのは、第二章で先述の通り、美術愛好家のウィリアム・S・ビゲローの仲介によるもので、一八八九年のことであった。ビゲローはそのとき職務で欧米へ向かう直前だった金子に、将来大統領になるであろう、セオドア・ローズヴェルトという人物をぜひ紹介したい、と申し出た。

金子は訪米の折に、文官試験委員長という地位にあったローズヴェルトとはじめて面会し、以後、交流を重ねていった。金子によると、「未《いま》ダ彼ガ名モ無イ時代カラ私ハ懇意デアッタ」という（「諸修史関係雑件／外交資料蒐集関係　第三巻」）。

その十五年後、一九〇四年三月二十六日、ホワイトハウスを訪れた金子を迎えたローズヴェルトは再会を喜び、金子は、日本は「文明」と「正義」を重んずるがゆえにロシアと開戦に至った、と語り、ローズヴェルトは「日本は正義の為に、はた人道の為に戦つて居る。……今度の戦さは日本に勝たせなければならぬ。そこで吾輩は影になり、日向になり、日本の為に働く」と応じたという（『日露戦役秘録』）。

ローズヴェルトは、モンロー主義のもと、中南米を欧州からの干渉を受けずにアメリカの勢力圏に収める戦略を展開しており、同じく周辺地域を勢力圏としたい日本の動向は、十分に理解できるものであった。加えて、ローズヴェルトは東アジアでも、日米がそれぞれの勢力圏を構築して安定した秩序を維持したいと考えており、実際に日露戦争中に、日米両国は桂・タフト協定を結び、日本の韓国支配とアメリカのフィリピン統治を相互承認することになる。シベリア鉄道の開通を経て、東アジアに進出しようとするロシア帝国の南下を防ぐ意味でも、日本への支援は不可欠であった。ローズヴェルトの親日的対応の背景には、こうしたリアリストとしての思惑があったのである。

　会談でローズヴェルトは金子に、「君はハーバート《ママ》倶楽部員で、東京に於けるハーバート倶楽部の会長であるから、其ハーバート倶楽部の会長が今度米国に来たと言へば、亜米利加全国にあるハーバート倶楽部の会員は、日本に同情するに決つて居る」と述べて、ハーバード人脈を生かすよう助言する。金子が、小村もハーバード、栗野もハーバード、瓜生外吉《うりゆうそときち》（海軍少将）はアナポリス海軍兵学校、そして自分もハーバードで、「四人の者は皆亜米利加の教育を受けて居る。亜米利加の教育の効能を今回の戦争に依て亜米利加人に示さなければならぬ」と応じると、ローズヴェルトは「其決心で君達がやれば此方《こちら》に居るハーバート連中は、皆同情する」と励ました（同前）。

　こうした大統領との交流や新聞記者への対応などから、金子は自らの広報外交の方針として、第一に「新聞紙買収ノ策ヲ採ラス寧《むし》ロ日夜記者ト親交シ之ヲ羅致シテ声援ヲ為サシムルコト」、第二に「大学、協会其他ノ団体ノ請求ニ依リ演説ヲナシ又新聞社及雑誌社等ノ依頼ニ依リ論説ヲ起草シテ之ヲ掲載セシムルコト」、第三に「自カラ交際社会ノ中枢ニ入リ各種ノ貴紳淑女ニ近接面談シテ日本ニ対スル同情ヲ鼓吹スルコト」をモットーとしたという（「日露戦役関係各国輿論啓発ノ為末松、金子両男爵欧米ヘ派遣一件　第三巻」）。特に第三の点は、留学時代から社交界に積極的に繰り出していた金子ならではの戦術であった。

　三月二十八日にもホワイトハウスを訪れた金子は、ローズヴェルトから日本人の精神教育を示す本を教えてほしいといわれ、あの新渡戸稲造の『武士道』と、フレデリック・W・イーストレーキの『勇敢なる日本』を贈呈することとなった。ローズヴェルトはこれを読み、二ヶ月後、金子に対して、『武士道』を通してはじめて日本人の徳性を知ることができたとして、周囲に読むのを勧め、子どもたちにも読ませて、日本人のように「高尚優美」で「誠実剛毅」な精神を涵養《かんよう》するよう申しつけた、と述べている。

　ローズヴェルトはすでに、一八八〇年に英訳が刊行（小村寿太郎とともに渡米しボストン大学に留学した斎藤修一郎がエドワード・グリーと共に翻訳）されていた『忠臣蔵』の物語を読んでおり、日本人の「忠」、「義」、「勇」の精神に感動していたという。

　金子が広報外交を展開する際、重要なよりどころとなったのは、ハーバード人脈であった。四月二十六日、ハーバード大学を訪れてチャールズ・W・エリオット学長をはじめ、教授陣や卒業生と語り合った金子は、翌日、ロー・スクールの招待で日本の憲法についての講演を行っている。さらに二十八日、金子は同大のサンダース劇場で「極東の現状」と題する演説を試み、ロシアがアジアの平和を乱すために、日本がやむを得ず戦端を開いたこと、これは欧州で喧伝されているような「基督教国」対「偶像教国」の戦争ではないことを語り、黄禍論について反駁して、拍手喝采を受けたという。日本ハーバードクラブは、この演説筆記を印刷してパンフレットとし、六千部を各地の同窓会などに送付した。

　日露開戦以来、欧州各国で喧伝されている「基督教国」対「偶像教国」の構図を打ち破るべく、金子はこの演説で、「日本国カ露国ト交戦スルハ宗教ノ為メニ闘フニアラサルナリ日本国ノ戦フハ亜細亜《アジア》ノ為メ並ニ日本国存立ノ為メニ世界ノ最大国ト戦フナリ」と主張し、日本では憲法上「宗教ノ自由」が保障され、「人民奉教ノ自由」を享受する点で欧米各国と何ら異なるところはない、と強調した。仁川沖の戦いでは、ロシア軍艦の死者は引き上げ、キリスト教式の葬儀を執り行い、負傷者は救助して赤十字病院に収容したが、ロシアは日本人を抑留し、虐待しているという。「考察セヨ日本国人ハ基督教徒ノ如ク行ヒ露国人ハ却テ偶像教徒ノ所為ヲ為シ、ニアラスヤ」と金子は問うた（「日露戦役関係各国輿論啓発ノ為末松、金子両男爵欧米へ派遣一件　第三巻」）。

ロシア正教を保護する日本

金子は別の演説でも、日本国内のロシア正教の寺院やニコライ司祭は安全に処遇されている、と強調して、この構図に対抗している。実際、日本国内では、政府、各宗教を挙げて、ロシア正教の保護に乗り出しており、神田駿河台のニコライ堂は、徹底的に警護された。

日本国内では、仏教、神道、キリスト教の指導者が協議して「宗教家大会」が開かれ、日露戦争は日本の安全と東洋の平和を図り、世界の文明、人道のために起こったものであり、宗教や人種は関係ないことを宣言した。これを主導した指導者の一人が、第四章で取り上げた小崎弘道である。小崎は自伝で、「露国にては此戦争を以て基督教と異教との戦と做《な》し」ており、「誤解を排除し、時局に対する宗教家の態度を明にせん為」、宣言書を採択したと述べている（『小崎全集』第三巻）。こうして、「文明国」日本対「野蛮国」ロシアという構図を、日本は懸命に描き出していったのである。

黄禍論について金子は、「極東の現状」において、日本がアジアにおいて優越権を獲得すれば、「亜細亜ヲ統一シ其結合力ヲ以テ欧洲ニ危害ヲ加ヘントス」という思考だと認識していた。これについて金子は、「黄禍」の起源はモンゴルの欧州侵略にあり、日本もその被害を受けたが追い払い、欧州を「救援」したとして、かつての「救援者」を無視して「黄禍」を恐れるのはおかしい、日本はむしろ欧州によるアジア侵略、いわば「白禍」によって国家の存亡を脅かされているのであり、「黄禍」は腹黒い外交官によって捏造され、日本と英米との間に「猜疑《さいぎ》妬忌《とき》」を生じさせようとする試みに過ぎないと反論している（「日露戦役関係各国輿論啓発ノ為末松、金子両男爵欧米ヘ派遣一件　第三巻」）。

金子は六月二十八日に開催されたハーバード大学卒業式にも出席し、卒業生の小村と栗野が外交の最前線で「文明国」のしきたりに則って国際法を遵守し、外交の手腕を発揮しているのは、アメリカの文物を輸入した成果である、我々日本人の頭髪は黒髪だが、「脳髄」は白色人種と異ならず、「心臓」はキリスト教国民と異ならない、と力説し、歓声を浴びた。

こうした金子の広報外交とローズヴェルトとの個人的な信頼関係が実を結び、アメリカ世論を親日的に傾けることに成功し、ローズヴェルトも、ロシア側に対して講和を呼びかけるようになる。はやくも六月七日の段階で、ローズヴェルトは金子に対し、適当な時機が来れば周旋の労を執る、と回答していた。

一九〇五年三月に奉天会戦で日本軍が勝利を収めた際、ローズヴェルトは金子に「万歳！」と記した書簡を送っている。五月の日本海海戦で日本海軍がバルチック艦隊を破った際には、アメリカ国内も日本の勝利に沸き立ったが、ローズヴェルトは再び金子に「万歳!!!」と大書した書簡を送付した。この日本海海戦を機に、日本政府はローズヴェルトに対し、より直接的な講和斡旋を依頼することになり、後述のポーツマス講和会議へと、結実していくことになる。日本に世界の文明国としての責務を果たすことを期待したローズヴェルトに対し、日本が文明国として振る舞っていることを強調した金子の姿は、実に頼もしく映ったにちがいない。

團琢磨の知られざる活動

さて、金子の広報外交を側面支援したのが、盟友の團琢磨である。金子がハーバード人脈を頼ったように、團はＭＩＴという窓口を通じて、アメリカ人に日本への支持を呼びかけていた。

日露戦争下の一九〇四年七月号のＭＩＴの機関誌『テクノロジー・レビュー』には、一八七八年度卒業生同窓会幹事のリンウッド・Ｏ・タウンズによる同窓生の近況が報じられているが、これによると、当時三池炭鉱の経営に従事していた團がタウンズ宛てに書簡を送ってきたとして、そこで團が「自分は安全なので安心してほしい」と述べた上で、「我々日本国民への激励と同情の言葉を、心からお願いしたい。それは、実際に、遠く離れた地で闘っている激励される兵士たちにだけでなく、国家全体に強力な力をあたえる。我々がアメリカから学んだ手段を通じて、我々は戦争を続けている」と語りかけた。

　團が述べたかったのは、日本がアメリカから学んだ手段、すなわち資本主義をもって戦争を続けている、ということだったのであろう。

　木村昌人氏は、十九世紀後半以降、日本のビジネスマンにとっての理想はアメリカの資本主義であり、実際にアメリカで資本主義や自由、デモクラシー、効率、倹約といった精神を学んだ日本人ビジネスマンは少なくなかったとして、その一人に、團を挙げている。團自身も、そうした意識が強かったにちがいない。

　さらに團は、「サンクトペテルブルクから発信されている奇妙な影響の拡散は本当に危険なのだ」と警鐘を鳴らした。團は自らの同窓生を通じて、日本がアメリカと同じ「文明」空間にあり、ロシア側を支持しないよう訴えたのである。

團と金子のきわめて親密な関係からして、金子の広報外交と無縁であったと考えるのは困難であろう。金子の依頼があったかどうかはともかく、その側面支援として、團はMIT人脈を頼ってみたものと考えられる。ハーバードをはじめとする留学生の人脈は、日米の絆として結実し、それが日露戦争の講和へと帰結していった。

2　ポーツマス講和会議とイエール提案

阪井とストークス

日露戦争の講和会議は、アメリカのニューハンプシャー州ポーツマスで一九〇五年八月十日から開催された。当初、日本側は中国の山東省かワシントンDCで、ロシアはパリで、アメリカは満洲で、それぞれ会議の開催を提案していたが、最終的にはワシントンDCとなり、暑さを避けるため、ポーツマスが選ばれた。

金子の随員だった阪井徳太郎は、一九〇四年十月三日、旧知のアンソン・P・ストークス（イエール大学事務局長）に書簡を送り、講和条件についてイエール大学教授陣の「フィーリング」「センチメント」を教えてほしいと依頼した。金子も阪井も、ハーバード大学出身だが、ハーバードではなくイエールに打診したのは、秘密保持のためだったのではないか、と矢吹晋《すすむ》氏は指摘している。

阪井とストークスは、アメリカで同じ神学校に学んだ信仰の友であり、深い信頼で結ばれていた。伊藤とローズヴェルトに博士号を授与していたことも、金子をして、イエールに着目させる背景となったかもしれない。

ストークスが、セオドア・S・ウールゼィ教授（国際法）、フレデリック・W・ウィリアムス助教授（東洋史）と相談したところ、彼ら個人の見解として、対露講和に関する提案ができあがってきた。ストークスはその提案を阪井に送り、金子のもとに保管され、一九〇五年一月の旅順陥落を受けて、金子がこの提案をローズヴェルトに見せて講和斡旋を督促する。ローズヴェルトも、提案を興味深く読んだ。その上で、金子はこの提案を小村外相に送り、さらに阪井は、ストークスに提案の修正を依頼、その追加意見書が阪井から小村に送られる。ポーツマス講和会議では、日本側の提案をもとに話し合いが進められ、ロシア側は日本の韓国保護、ロシア軍の満洲からの撤兵、旅順・大連の租借権と東清鉄道南部支線の一部（長春―旅順）の日本への譲渡などを承諾し、賠償金の支払いはなし、南樺太を割譲、という形で決着する。九月四日のことである。

松村正義氏は、このイェール提案がポーツマス講和会議の原型になった、と述べているが、金子も後年、「小村ガ全権トシテヤッテ来テ斯《こ》ウ言フ案デ、会議ニ臨ム積リダト携ヘテ来タ案ヲ私ニ見セタ。ソレハ『エール』大学ノ教授等ガ書イテ呉レタモノヲ元ニシテ作ッタモノダ」と回想している（「諸修史関係雑件／外交資料蒐集関係　第三巻」）。

朝河は講和案に関与したのか

このイェール大学提案に関与していたのではないか、といわれているのが、ダートマス大学講師の朝河貫一である。朝河は、金子が広報外交を展開している頃、アメリカで日露戦争についての評論活動を繰り広げ、さかんに論文や著書を出版していた。松村氏は、金子が朝河の活動に注目しており、阪井のストークスへの接触も金子の指示によるものだとしつつ、「朝河が同シンポジウムに裏方的に、もしくは間接的に関与したことは間違いないであろうけれども、彼の関与の仕方が『影武者的存在』、もしくは『間接的な意見陳述者』であった」と評している（「金子堅太郎と朝河貫一」）。

一方、矢吹氏は、日露戦争期から、その後の日露交渉についてストークスがまとめた

「ストークス覚書」について、「ストークス覚書から当然掲げられてしかるべき朝河貫一の名が消えたのは、実は朝河自身の要請に基づくものであった」として、より「直接的」に朝河が関与したという立場を取っている（『ポーツマスから消された男』）。阿部善雄氏も、金子がローズヴェルトへの手紙で、講和条件はイエール大学の数名の者が会合を開いた上で、共通の意見を出したものだと説明していることについて、「この数名のうちに朝河が入っていたと考えるのは、あながち無理な推測ではあるまい。さらにこのシンポジウム開催の発想をいだき、それを演出したのも、阪井ではなく、実は朝河その人であったらしい」と指摘している（『最後の「日本人」』）。

本書はポーツマス講和会議を分析するものではないため、どちらの説が正しいかを論断することはしない。金子、阪井、そして朝河という、アメリカ留学生人脈が、直接的であれ、間接的であれ、講和条約の成立に寄与したことを確認できれば、それで十分である。しかも、難航する交渉を取りまとめてポーツマス講和条約を締結した日本側全権は、金子と共に学んだ、小村であった。

では、朝河はその評論活動において、何を論じていたのか。例えば朝河は、一九〇四年十一月に刊行した『日露衝突』の序説「日露衝突序説―衝突のいくつかの争点」において、日露戦争は新旧の文明の衝突であり、工業国である日本は新文明を、農業国であるロシアは旧文明を代表しており、前者は海を目指し、後者は領土拡大を志向している、と述べる。その両国は未開発の中国北部をめぐって衝突しており、ロシアはその土地の従属と閉鎖を要求し、日本は独立と進歩を求めている。ロシアが勝てば韓国や満洲、モンゴルは属国化され、日本は衰退するが、日本が勝てば、東洋の商業は等しく自由に開かれ、中国、韓国は独立国となり、新文明の影響によって資源が開発され、国家体制は改革される。朝河が、どちらが勝つのか、旧文明か新文明か、その瞬間、世界は分かれ道に立つ、というとき、日本の勝利に期待していたことは容易に想像される。

文明国として日本が戦っていることを喧伝していた金子が、こうした朝河の評論に目をとめたことも、十分に理解できよう。そしてのちに、日米が決定的な危機に陥るとき、すなわち日米戦争の直前に、両者は再び交錯することになる。

第六章　悪化する日米関係に抗して

1　ハーバード大学「日本文明講座」設置

日米関係の悪化と学術交流

日露戦争の勝利と終戦交渉の仲介という大成功により、日米両国の国際社会での地位が向上するとともに、移民問題や大陸問題などをめぐって次第に日米関係は悪化、そして太平洋戦争へと至っていくのは、周知の事実である。アメリカ留学生たちは、この流れにどのように抗していったのか。その戦いの日々を追っていきたい。

日露戦争を経ても、アメリカ国内の黄禍論は、消えることはなかった。むしろ、大国ロシアに勝利してその国際的地位を向上させた日本に対する警戒心は、高まってさえいた。

そんな状況のなかで、アメリカ人の日本に対する理解を深めるべく、ハーバード大学に「日本文明講座」が設けられ、東京帝国大学から客員教授が招かれている。仲介役となったのは、同大学学部課程を日本人としてはじめて卒業した、吉川重吉（旧岩国藩主家・男爵）である。提案者はアボット・L・ローウェル、ハーバード大学学長であった。

ローウェルはチャールズ・W・エリオットのあとを受けて、一九〇九年に学長に就任し、一九三三年まで在任した。ハーバード大学アーカイブスにはローウェルの大学運営に関する史料群が残されており、ここに含まれる吉川書簡は、いずれも、ローウェルの推進した日本文明講座の設置に関するもので、全十二通に及ぶ。以下、その書簡と関連史料から判明する事実を、まとめておこう。

高まる東アジア研究の重要性

日露戦争後、日本が台頭する中、東アジア研究の重要性を認識したローウェルは、研究支援のための資金を募り、これに応じて、ジェームズ・H・ウッズ教授が資金を日本研究に投じることを申し出て、ローウェルを喜ばせた。ウッズが一九一三年三月九日にローウェルに宛てた書簡によれば、吉川が日本ハーバードクラブとしてウッズに二万円の寄付を申し出、これに加えてウッズが一万ドルを拠出する形で、資金が構築されたようである。ウッズと吉川とは友人であった。吉川はこの三日後の三月十二日付のウッズ宛書簡で、日本ハーバードクラブのメンバーに改めて支援を要請したことを記しており、さらに同年八月四日付のローウェル宛書簡で、東京帝国大学教授で宗教学者の姉崎正治《あねざきまさはる》を支援することについて、大いに賛同する、としている。

姉崎によれば、吉川から最初に声をかけられたのは一九一三年の三月で、思い切ってこれを受け入れたという。資金が日本人教授を招聘することに用いられることになり、姉崎にその白羽の矢が立って吉川が声をかけ、また、大学にも推薦したのであろう。かくして姉崎は、同年九月から二年間、ハーバード大学の日本文明講座の客員教授として渡米することとなったのである。姉崎はハーバードで、日本宗教史について講義した。姉崎に続いて、一九一五年にやはり東京帝国大学教授で中国哲学者の服部宇之吉が同講座の担当者として渡米した際にも、吉川は仲介役として尽力し、これに関する書簡も多く残されている。服部はハーバードで、中国哲学の講義を担当した。

　また吉川は、日露戦争の最中から、ハーバード大学の同窓会誌である『ハーバード・グラデュエイツ・マガジン』の編集者、とりわけ、伝記作家で歴史家でもあったウィリアム・R・セイヤーとの交流を続けていた。ハーバード大学ホートン図書館には、その関連史料が多数残されている。

　最初の一九〇四年九月二十四日付の『ハーバード・グラデュエイツ・マガジン』編集者宛の書簡で、吉川はまず、日本のハーバードクラブの「書記」として、東京帝国大学教授で一八九五年にハーバード大学を卒業したチャールズ・S・グリフィンの訃報を伝えた。

それとともに、彼の日本での業績を知らせると記し、同月二十六日の続信で、詳しいグリフィンの略歴と業績を紹介している。

翌年一月二十日からは宛先がセイヤーに特定されているが、書簡冒頭に「ご丁寧なお手紙ありがとうございます」とあることから、編集者だったセイヤーが前年の書簡に返信をしたことを受けて、セイヤー宛に書簡を送ったものと思われる。ここでは、グリフィンについての続報を伝えるとともに、「日本におけるハーバード関係者が増え、その影響力も拡大していくこと」に喜びを感じると記している。初期のハーバード日本人卒業生としての自負を込めた発言であろう。

小村寿太郎の死

その後も二人の交際は続き、一九〇六年五月十日付のセイヤー宛書簡では、ハーバード大学のあるマサチューセッツ州ケンブリッジの様子を知らせてくれて嬉しいと述べ、一九一〇年十月八日付の書簡でも、前月に開かれた何らかの会合にセイヤーから招待されたものの、郵便の遅延で間に合わなかったことなどが記され、日本国内のハーバード卒業生についてはなるべく早く知らせるとした上で、南満洲鉄道（満鉄）の経営を巡る日米間の意見の相違を意識してであろうか、「私は、アメリカが友好的な競争をはじめた唯一の国が日本であると信じている」と記している。

現存する最後のセイヤー宛書簡となっている翌一九一一年十二月十三日付書簡は、前月二十六日に死去したハーバード大学卒業生である小村寿太郎に関する長文のものとなっており、吉川は、日本ハーバードクラブとして、「小村の生涯を著すにあたり、貴方を選ぶであろう」として、その参考のために、小村の生涯を年表風に詳しく伝えている。これに応じて、『ハーバード・グラデュエイツ・マガジン』第二十号は、小村寿太郎の小伝を掲載しているが、そこには、「日本人ハーバード卒業生の吉川重吉男爵のご厚意により、小村侯爵の生涯について以下の事実を記載することができた」と記されている。吉川が『ハーバード・グラデュエイツ・マガジン』とセイヤーを通じて、日本のハーバード関係者をアメリカ側に紹介していく役割を積極的に果たしていたことが理解されよう。

小村自身、日米間の軋轢と交流に、深く関わった人物であった。満鉄経営をめぐっても、日露戦争直後の一九〇五年十月に、桂太郎首相とアメリカの「鉄道王」エドワード・Ｈ・ハリマンとの間で、東清鉄道南部支線を共同経営とする覚書が交わされたが、小村はポーツマス講和会議で獲得した利権のなかで最も将来性のあるのは同線だとして、これを自前で運用することを主張して強く反対し、この覚書は破棄された。

小村自身は、日米間の対立を望んでいたわけではない。例えば、一九一〇年一月に衆議院で行った演説で、小村は「日米両国の親交は歴史的性質を有し其根底極めて確固なるのみならず両国通商の関係は益々其交情を鞏固《きょうこ》ならしむるを必要とするを以て両国政府は此目的の為互に其為し得る所を尽しつゝあり……両国官民の接触交歓は両国民間の親睦を増進する上に於《おい》て偉大なる効力を有すべく本大臣の両国の為慶賀に堪へざる次第なり」と述べ、日米両政府、そして民間における通商関係を中心とした交流の促進に期待を寄せていた（『読売新聞』一九一〇年一月二十八日付朝刊）。こうした期待が、のちに述べる團琢磨の民間外交を後押ししていくことになる。

「もう一人の高く評価される日本人ハーバード卒業生」

吉川は貴族院議員として政治活動を展開する傍ら、地元の教育や産業の発展のために尽力しており、『ボストン・グローブ』（一九〇六年五月十日付）の記事によると、一九〇六年から翌年にかけて、学校視察、とりわけ技術学校の視察のためにアメリカを訪れ、ボストンではハーバード大学学長のチャールズ・W・エリオット以下、ハーバードの卒業生たちから大歓迎を受けている。吉川が当時、同窓会誌に寄せた文章が、『ハーバード・グラデュエイツ・マガジン』第二十四号に掲載された吉川の訃報記事中で次のように紹介されている。「私は郷里の社会的、経済的、教育的発展のために努め、その事業に深く携わってきた。学校を作り、木を植え、工場を発足させた」。実際、吉川は育英組織・防長教育会の運営に参画したほか、岩国出身の上京遊学生のために寄宿舎・岩陽学舎を設立、岩国の織維業者・義《ぎ》済堂《せいどう》の経営や林業にも乗りだしていた。「旧名家たるものは、須《すべか》らく自家の幸福及永続の為めのみならず、亦斯《またかか》る制度の齎《もた》らすべき社会の秩序安定を維持するが為めに、郷里に其本邸を卜《ぼく》すべきものなりと信ずるなり」（吉川重吉著／尚友倶楽部史料調査室・内山一幸編『吉川重吉自叙伝』）というのが、そのモットーであった。

　こうした功績のためであろう、日露戦争期に多くの日本人ハーバード卒業生が活躍したが、吉川も、それに列する存在とみなされていたようである。先述のセイヤーによる小村の小伝は、「未来の歴史家は、一八九〇年から一九一〇年までの間、日本の指導的政治家のなかに、ハーバードの卒業生が何人もいたという事実を評価するであろう」と評し、目賀田種太郎、金子堅太郎、小村寿太郎、栗野慎一郎、そして、「もう一人の高く評価される日本人ハーバード卒業生」として、吉川の名を挙げている。

日露戦争後、日本が国際社会において台頭し、日本脅威論が喚起されるなか、吉川は、アメリカ国内で宗教・中国哲学といった側面から、日本理解を促進させようと試み、また、日米関係の友好化を願い、日本人ハーバード留学生の草分け的存在であった小村の伝記資料を寄せるなど、地味ながら継続的な活動を続け、アメリカに向けてさかんに日本から情報を発信することで、両国の絆を、ハーバードと日本という視点から、強化しようと試みた。政治活動とともに、教育や産業の促進に尽力し、その存在は、日本におけるハーバードの拠点であり、象徴となっていた。

2　イエール大学会の基金設立

ハーバードに遅れを取るな

ハーバード大学における日本文明講座設置の動きは、一九一二年一月の段階で、イエール大学にも伝わっていた。これを受けて、イエールも行動を起こすべきだと考えたのが、当時イエール大学助教授だった朝河貫一である。イエールの卒業生で東京帝国大学教授の中島力造に宛てた一九一二年一月二十五日付の書簡で朝河は、ハーバードの卒業生団体が

「母校の為ニ」講座設置に尽力しているのに対し、「ヱール同窓ハ何を為居候哉」と呼びかけ、留学生への奨学金の給付や、図書館の日本部門の拡充支援などを提案し、ハーバードと競争するわけではなく、「実質ある、永く益ある方法ニ出でられんことを是祈候」と述べている（『朝河貫一書簡集』）。

日本人イエール留学生たちは、一八九七年に同窓会組織として「エール大学会」を結成していた。正式発足時の会長は、岡部長職《ながもと》（貴族院議員）、鳩山和夫（衆議院議長）、箕作《みつくり》佳吉《かきち》（東京帝国大学教授）の三名である。設立目的は、この組織をもってイエールへの愛情を表現する機会とするとともに、日本人卒業生数を拡大することが日米相互の利益となると信じ、そのためにメンバーが熱心に働くことを心から期待する、というもので、一九一〇年には活動内容を拡大、メンバーの親睦会の開催や、イエールへの留学生に対する奨学金の給付、イエール大学図書館に対する東洋関係書籍の寄付、同大学美術館への日本美術品の贈呈などに取り組むこととなっていた。朝河はこれを知った上で、その実行を求めたわけである。

日本からの資料寄贈

一九一八年、東京帝大に留学中だった朝河の提言で、エール大学会ではイエール大学に書籍・美術品を寄付するための基金が設立された。翌年三月五日、朝河は会長の岡部に、基金への寄付金募集の状況や、それを何に使うかなどを尋ねる書簡を送っている。その後も朝河は基金の運用を日本側に督促し続け、一九二二年二月にはエール大学会から寄付金と寄贈図書が届き、一九三四年、最終的な成果として、仏教経典や東大寺古文書、『孟子』、『群書類従《ぐんしょるいじゅう》』、『吾妻鏡』、『古今和歌集』、浄瑠璃《じょうるり》本、仮名草子などが、イエールに贈られた。この時の会長は、大久保利武であった。

十月七日付の大久保宛書簡で朝河は、「全体の御寄贈品は、総長、館長を始め、本部、図書館の所員皆頗る貴重の賜賚《しらい》と存じ、多大の感興あり候。定めて御本懐なるべく、私までも感謝且つ喜悦の情禁ずる能《あた》はず候」と礼を述べた上で、満洲事変によってアメリカ世論が「日本の行為を非難」している状況下で、「政治的、外交的プロパガンダのやうに思はるゝを避けたく、此点大に注意致居候」として、あくまで民間レベルの学術交流であることを強調している（『朝河貫一書簡集』）。

イエールの同窓生たちもまた、ハーバードに刺激を受け、政治外交とは別のチャンネルで、日米をつなぐ役割を果たしていこうと努めていたわけである。日本人アメリカ留学生は、日米の貴重な架け橋であった。

3　團琢磨の民間外交

團と実業団使節派遣

姉崎がハーバード大学で教鞭を執っている間に、第一次世界大戦が勃発した。この戦争で、日本とアメリカは戦勝国となり、かつ、欧州諸国に比べて戦争による被害が少なかったため、両国は世界の大国として、さらに飛躍することとなる。そんなときに、アメリカに渡り、日米の絆を深めようと試みたのが、金子と吉川の畏友《いゆう》であった、ＭＩＴの卒業生、團琢磨である。

第一次大戦によって世界の政治経済情勢が激変するなか、駐日イギリス大使サー・チャールズ・Ｎ・Ｅ・エリオットと同大使館附商務官サー・エドワード・クロウが一九二一年に渋沢栄一と会見し、日英両国間の実業関係が疎遠になっているとして、これを復旧するため、日英の実業家による意見交換を行うべく、日本の実業家が渡英することを求めた。

渋沢は原敬《たかし》首相と協議し、日本の実業家数十名が首相官邸に招かれて実業団のイギリス派遣が決定され、渋沢栄一、井上準之助、和田豊治《とよじ》、藤山雷太《らいた》、團琢磨を発起人として団員を選定することとなった。派遣計画の策定中、アメリカも訪問すべきとの意見が出たため、アメリカも対象となり、駐日アメリカ大使チャールズ・B・ウォレンも支援を申し出た。この使節は政府とは関係がなく、戦艦、空母の保有制限を決めるためのワシントン会議とも無縁であるとされ、團琢磨団長以下、二十四名の団員が決定された。由井《ゆい》常彦氏の表現を借りれば、「かつて例をみない大規模な民間経済外交であり、日本の経済と経営発展にかかわる重要な国際関係上の出来事であった」（『団琢磨の民間経済外交』）。

当時團は病床に伏していたが、これを押して、一九二一年十月十五日に横浜を出港した。バンクーバー、トロントを経て、十一月九日、ニューヨークに到着し、日米の産業界が大変動に襲われるなか、アメリカにおいて日本の対中政策について誤解が生まれているとして、実業家間の意見交換によって誤解を解きたいとの声明を発表した。こうした民間外交（国民外交）は、外交がもはや政治家や外交官だけでなく、国民同士も相互交流し理解し合うようになっていかなければならない、と説いた小村寿太郎の提唱によるものでもあった。

「テクノロジーの精神」を語る

一行はニューヨーク手形交換所、株式取引所、連邦準備銀行などを訪問し、ニューヨークの銀行家と意見交換したが、アメリカ側は大戦後に経済的地位を強固にしたのは日米両国のみであり、それだけに世界の信用制度を保持しなければならないと呼びかけ、團も、日本側も力の及ぶ限り協力したいと語った。団員は新聞社や輸出協会、生命保険会社、製造工場などを手分けして訪問して交流を深め、政府とは関係のない民間使節だとしながらも、あくまでワシントン会議の軍縮方針を支持していることを強調している。十一月十九日には一行はワシントンＤＣに到着し、二十一日にウォレン・Ｇ・ハーディング大統領に謁見した。ハーディングは、軍縮会議の委員とともに実業家が渡米したことは、平和のために経済や工業を発達させようとするものであり、そのためには日米両国の親善が肝要である、などと語り、團は、日米両国民の実業上の接触を樹立していきたいと意欲を語った。

ＭＩＴ側でも團の訪米に注目していたらしく、『テクノロジー・レビュー』（一九二一年十一月号）は、「七八年卒の團琢磨博士は、日本において鉱山と金融事業を組み合わせた大事業を展開しており、銀行家や貿易商の代表として、十月にシアトルに到着し、アメリカにおけるビジネスの現状を視察するためにやってきた」と報じている。第三章で触れた一九一〇年の訪問に比して、日本の実業団団長としての團への歓待ぶりは圧倒的に大きく、ボストンでは実業団を歓迎するため特別接待委員会が組織されており、活動写真で水力電気工事について説明を受けるなど、現地の実業家との交流を深めた。

ＭＩＴでは、十一月二十八日に大講堂で全教職員・学生三千名を集めた歓迎会が開催され、團はここでの講演で、母校への感謝の意を述べるとともに、感激のあまり言葉を失ってしまったが、自分は「テクノロジーの精神」、すなわち、自ら負った義務のために奮闘し、「天職に其全力を傾倒する精神」こそが生涯の指針となったとして、諸君は絶大な責任から逃れることはできない、将来の建設は「テクノロジーの精神」を継承した諸君の手中にあると語った。その夜にボストン商業会議所が主催した晩餐会では、我々は相互の「貿易」と「友誼」とを望み、両者が相離るべからざることを認めるとして、「聡明なる利己主義」こそが存在するのであり、自分は相互の利益を実現するための方策を「協議」するために来た、と團は語っている（『男爵團琢磨伝』上巻）。

また、ワシントン会議を意識して、「平和と国際協調につながるあらゆる仲介と軍縮に対して、日本は積極的であると断言できる」とも語っている（『ボストン・デイリー・グローブ』一九二一年十一月二十九日付）。ＭＩＴで培ったテクノロジーの精神こそが生涯の指針であり、その技術者集団が担うべきアメリカの産業も、日本の産業も、それを担う実業家も、あくまで「利己主義」の追求という前提を踏まえた上で、それを「聡明な」もの、すなわち相手国との相互利益になるべきものとするべく努力することを訴えたのである。「技術者」的「経営者」としての思想が詰め込まれた講演であった。

　実業団は十二月十三日にニューヨークを発ってイギリスに向かい、十九日にサウサンプトンに到着し、二十日にはロンドンに入った。イギリス労働省で労使関係について説明を受けた一行は、イギリス聯合商業会議所主催の午餐会に臨んだ。團は、未曾有の財政不況に直面しているイギリスに対し、日本は大戦景気で潤ってはいるが、国際貿易については無知であったとして、この機会にイギリスの実業家と交際してその豊富な知識を吸収したい、と述べた。

　さらに、「吾々の最高の目的」は、国民に「国際的道徳」を植え付け、「国民の不正直と無知の行動を為すことを阻止」して、単なる金儲け主義に走らないようにすることだと語っている。一行は政府関係者とも次々と面会し、バッキンガム宮殿でジョージ五世に拝謁、各地の実業家と意見を交換して大陸に渡り、フランス、ドイツなどを経て、一九二二年五月に帰国した（『男爵團琢磨伝』上巻）。

「国民外交家」であった團

團は五月二十五日に首相官邸に招かれ、高橋是清首相から労働問題に関する欧米の実情や意見を聴取され、六月十三日には摂政宮（のちの昭和天皇）に召され、霞が関の仮御所で実業団による視察について質問を受けている。

團は、外国からの訪問客とも積極的に接する「国民外交家」として、大隈重信や渋沢栄一などとともに知られ、多くの外国大使や公使と接したが、一九二三年九月の関東大震災の際には、アメリカ大使公邸が全焼したため、駐日大使サイラス・E・ウッズを自邸内の家屋に迎え入れ、親交を深めた。一九二七年に米国モルガン商会（J. P. Morgan）のトーマス・W・ラモントが中国視察を終えて日本に来た際にも別邸に迎えて東洋問題について語り合い、一九三〇年に先述の日本実業団のイギリス訪問の答礼として、イギリスの実業団が来日した際も、紡績工場を見学させるなど、斡旋に奔走している。

一九二九年に日本で開催された万国工業会議にＭＩＴ在学時に薫陶《くんとう》を受けたリチャーズ教授が列席することになった際、團はこれを非常に喜び、自邸を増築して家具を揃え、リチャーズ教授の居所とした。

同年十月にリチャーズ教授が日本に到着すると、親しく懇談したほか、この居所に招いて、自動車やボーイをつけて丁寧に接待している。会議にはともに出席し、三池にも案内したが、その際、三池に滞在していた床次《とこなみ》竹二郎《たけじろう》（衆議院議員）と会い、床次は「その昔團君は先生に就きて斯学《しがく》の修業を積み、今日の成功を見るに至つたが、今日初めて老教授に面唔《めんご》して誠に労父に対面する思あり」と述べたという。同窓生のチャールズ・E・ロック教授も遅れて到着し、三井の技術が三池に凝縮されていると賞賛した（故團男爵伝記編纂委員会編『男爵團琢磨伝』下巻）。

この万国工業会議は、アメリカ機械学会が発案・組織し、日本での開催を決定して実施されたが、その決定にはＭＩＴ関係者が重要な役割を演じていたといわれている。経済外交においてもボストン、ＭＩＴは重要な舞台であり、対象であった。

團は、ＭＩＴで製鉄の技術を学び、ここで学んだ「テクノロジーの精神」「天職に其全力を傾倒する精神」を生涯の指針として、実際に鉱山開発という天職に技術者として全力を傾倒して成功し、三井の総帥となった。團が死去した際、全国労農大衆党の政治家・鈴木茂《も》三郎《さぶろう》は「どこといつて万人にすぐれたところがあつたとは思はれないが、エンジニヤーとして数学と理学で頭をコンクリートのやうにつくりあげたゞけに深慮が彼のすぐれた豪《えら》いところである」（傍点原文）と評したが、これは團にとっては最大の賛辞のひとつであったにちがいない（「射殺された團琢磨」）。

「結局は教育」

團は「利己主義」の追求を否定しない。自己利益になるからこそ人間は貿易を行う。しかし、貿易対象との「相互の利益」を増進するには、その「利己主義」を「聡明なる利己主義」に発展させねばならないし、そのためには、「友誼」や「協議」、そして「国際的道徳」が不可欠である。幾度も欧米各国を訪問したのは、発展し続ける科学技術を吸収し続けようとする技術者精神の実践と、貿易による相互利益を生み出そうとする「聡明化」のための営為にほかならなかった。

そして、團はこうした精神の育成のために教育に着目し、欧米視察から帰国後、渋沢などとともに会合を重ね、現在の教育が進学や試験を第一の目的としており、「智育に傾き精神的徳育を閑却し過ぎて居る」ことなどを問題視し、これらを当局に具陳し、輿論に訴えていくとともに、改革の具体案を作成することとなった（『東京朝日新聞』一九二二年七月五日付朝刊）。

当時、第一次大戦後の欧州では労働争議が勃発していたが、それでも秩序が保たれているのを実見したという團は、「結局は教育に依《よ》つて国民精神を作振することが根本義であらう」とも述べている（「世界現下の反動的傾向」）。

團がこうした精神の基礎を獲得したのがアメリカ留学時代であったことはあらためていうまでもないが、團自身、一九二七年七月に自らのＭＩＴ留学時代を振り返って、「其ノ当時ノ『アメリカ』ノ勢トイフモノハ、今日トマルデ違ツテ居リマス」として、「インデペンデンド」の「プリミチーブ、スピリット」、すなわち独立の建国精神がキリスト教とともに「固マツテ居ル」時代であり、「フリードム」が重んじられていることが團にとっても「好イ心持」であり、「モーラル」が強く、それが人々を感化している点がアメリカのひとつの「デイシプリン」となっていた、と述べている（『團理事長談話速記（其五）』）。「今日トマルデ違ツテ」と述べていることからわかるように、ＭＩＴやボストン商業会議所主催晩餐会で講演した頃の團は、アメリカはすでにこうした「モーラル」を失っていると感じていた。だからこそ、聡明なる利己主義の実践を語りかけたのである。理想からそれているのは日本も同じであり、團は一九二六年に「全く従来の既成道徳や既成宗教そのものに真正面から反対して、これを敵視するものが多くなつて居る。これが社会に深甚なる動揺を与へ全世界に取つて一大脅威となつてゐる所以で、又吾人の深刻なる警戒を要する点である」とした上で、「吾人の宗旨と言ひ、道義道徳といふものは、秩序的社会の進歩に欠くべからざる要素」であると強調している（「人格第一主義」『男爵團琢磨伝』下巻）。

一九三一年には、「複雑な世の中に処し、病毒の多い社会に身を処するには、道義の上に立って、他から侵されないようにしていくより外はない。道義を以ていけば堂々として社会に立てるし、道義を基準として身を処すれば誤りはない」とも記した（「私が若いときの決心覚悟」）。

さらに、日本は「友誼」や「協議」の精神も失いつつある、と晩年の團は感じていた。一九二八年の回想で團は、「今日ノ思想ハ混沌トシテ居ルケレドモ、総テノ技術方面其ノ事ニ就テハ、混沌ノ中ニナカナカ進歩シテ居ル」として、科学技術が発展しているとしつつも、「所謂精神的進歩ハ退歩シテ居ルケレドモ、物質的進歩ハ着々進ンテ居ル、物質的進歩カ進ム以上ハ、精神モ伴ハザルヲ得ヌト思ヒマス」として、「自分デ考ヘルト云フコトハ非常ニ乏シイ、サウ云フ懸念ハ非常ニアリマス」と憂えた。さらに、「『ナショナリズム』ト云フモノヲ日本人ガヤカマシク言ツテ居ルケドモ考ヘ物テス」として、ナショナリズムが政治の基底を形成することを懸念し、「『インターナショナル』デ勝タナケレバ仕方ガナイ」と訴えた（『團理事長談話速記（其六）』）。

この回想の表紙に三井財閥が「極秘」「秘」印を押したのは、團が「ナショナリズム」を「ヤカマシク」喧伝しているといった当事者たる右翼などの目に触れるのを恐れたためであろうか。

血盟団によって暗殺される

團の暗殺は、金解禁と昭和恐慌のなかで三井がドル買いに走ったと批判されたためであるといわれているが、血盟団の首領・井上日召《にっしょう》は、一九三三年六月二十八日、東京地方裁判所陪審第二号法廷で、「二月十一日を期して政界並に特権階級の巨頭を暗殺することによつて国家を革正する第一歩を踏み出すべく四元《よつもと》（義隆―引用者）を地方の同志に知らせるため派遣した」と述べ、「暗殺しようと決定した人々は」と問われて、こう陳述している。「特権階級では西園寺、牧野内府、徳川公、伊東伯。政党では若槻男、犬養首相、鈴木、床次、井上、幣原《しではら》。財閥では三井系で團、池田、三菱で木村、次《つい》で安田、大倉の財閥は代表者がわからぬので決定しなかつた」（警察思潮社編『五・一五事件の真相』）。

「国家を革正」する第一歩としての暗殺。その際、安田財閥や大倉財閥の代表者はわからなかったから無視したが、三井の團はわかっていたので「特権階級」の象徴として暗殺した。ドル買いももとより背景にあったであろうが、当の暗殺者の認識はこの程度のものであった。團としてみれば、「利己主義」を是認していた自己の思想が肥大化して理解され、「ナショナリズム」の批判者として糾弾された方が、まだよかったかもしれない。彼は技術の先にたどり着いた経営の果てで、その「知名度」のゆえに殺されたのである。

團琢磨が暗殺された際、MITの新聞『MIT・ザ・テック』（一九三二年三月七日付）は次のような訃報を掲げている。

日本を代表する卒業生死亡
土曜日に暗殺者によって負傷
——團男爵（七八年卒）日本テクノロジー・アソシエーション会長

一八七八年卒業の團琢磨男爵は、日本の経済界・産業界でもっとも影響力のある人物の一人だったが、日本の東京で、土曜日、暗殺者によって負傷し、死去した。團男爵は、日本テクノロジー・アソシエーションの会長であり、日本においてMITに強い関心を注いだ人物であった。三井合名会社の現役の経営責任者として、團は東洋における多くの鉱山や鉄道、銀行、蒸気船航路、商業機関を経営し、その利益を管理していた。彼の地位は、アメリカにおけるモルガンやロックフェラーグループのトップに比肩するものであった。一九二九年に日本で万国工業会議が開催された際、團男爵はＭＩＴを代表する参加者に対して、特に丁寧に接していた。同窓会幹事のチャールズ・Ｅ・ロック教授、鉱山学・冶金学科のロバート・Ｈ・リチャーズ名誉教授、電気工学科長のデュガルド・Ｃ・ジャクソン教授の三名が、その会議に招待されていた。リチャーズ教授のために、團は特別な和風のゲストハウスを建築していた。男爵の早すぎる死をうけて、コンプトン学長は夫人に弔電を送った。

ＭＩＴに所蔵されている、学長から芳子夫人（金子堅太郎の妹）宛の弔電は、次の通りである。

團琢磨男爵夫人殿　東京、日本

我々は、あなたの最愛の、そして高貴なご主人が悲劇的な死を遂げられたことに、心からの哀悼の意と、深い共感を表明します。

マサチューセッツ工科大学学長・同窓会会長

リチャーズ教授の万国工業会議出席の際の丁重な対応ぶりやゲストハウスの用意などについては、すでに記した通りである。

團はその母校を最後まで愛し、ＭＩＴもまたこの稀代の技術師経営者を愛した。それは、壮絶な最期を遂げた團にとって、彼が愛し、その生涯の指針たる「テクノロジーの精神」を注ぎ込まれた場からの、せめてもの手向けであったといえよう。

4　金子堅太郎の嫌米化

日米協会の取り組み

多くのアメリカ留学生がアメリカとの関係悪化を食い止めようと腐心する中、次第に、むしろ嫌米化していった人物もいた。團の親友であった金子堅太郎である。以下、その過程を主に松村正義氏の『金子堅太郎―槍を立てて登城する人物になる』に依りながら、追っていきたい。

民間外交の一環として、日米間では一九〇七年にニューヨークに日本協会（Japan Society）が結成され、これに対応するように、日本側でも一九一七年に日米協会（The America-Japan Society, Inc.）が組織された。カリフォルニア州では、サンフランシスコ大地震（一九〇六年）の際の日本人学童隔離事件（日本人の学童が東洋人学校に隔離された事件）を契機とする日本人移民排斥運動が激化しており、こうした事態を打開すべく、渋沢栄一や金子堅太郎などが中心となって結成されたのが、後者であった。初代会長には金子が就き、幹事には阪井徳太郎が就任、会員は約五百名を数え、日米両国の友好親善を図るため、アメリカの理想、学術、工業、経済を研究し、日本人への啓蒙を行うこととなる。

金子は、学童隔離事件が勃発した際、ローズヴェルト大統領に書簡を送って、善処を依頼し、林董《ただす》外相も駐日アメリカ公使に抗議している。ローズヴェルトは、移民排撃に沸き立つサンフランシスコに閣僚を送り、日本人移民に被害が出ないよう対処するとともに、現地民を納得させるため、日本人移民をハワイからアメリカ本土へ転航することを禁止する措置を取り、事件は終結した。一九〇八年には日米紳士協定が結ばれ、日本側が「自主的」に、労働者に旅券を発給しないことなどが取り決められ、一時は移民問題は鎮静化する。

激化する日本人移民排斥運動

しかし、その後、一九一三年にはカリフォルニア州で第一次排日土地法が成立して日本人の土地所有が制限された。このときの大統領トーマス・W・ウィルソンは、法案成立によって日米関係が悪化することを懸念したものの、大統領選挙の当時から州権を重んじて日本人移民問題に厳しく臨むことを掲げていたため、介入することができなかった。

こうした事態を受け、日米協会は、会員間の交流のほか、アメリカから要人が来日した際や、アメリカに日本の要人が渡る際に、歓迎会や送別会を開催し、協会としての主張を挨拶や演説に織り込んで発信した。刊行物も出しており、一九一八年四月に発行された機関誌『ブレティン』には、アメリカ大使館のフランク・R・ラッター商務官の日米通商関係に関する講演を邦訳して掲載した。日本人移民排斥運動やパリ講和会議での日本による人種差別撤廃案などを受けて、一九二〇年七月には、月刊誌『アメリカ・ジャパン』を刊行し、排日運動を念頭に、日本にいるアメリカ人に、日本について知ってもらう機会を提供することとなった。

日本人移民排斥運動は日本が同じ連合国側であったこともあり第一次世界大戦によって落ち着くものの、戦争が終わると再燃しはじめる。第一次排日土地法が十分に日本人移民の農地所有を制限できていない、という不満からであった。一九二〇年秋からカリフォルニア州で第二次排日土地法の審議がはじめられ、日本政府はこれに反対する態度を取り、日米協会としても九月の執行委員会で、排日土地法に対する討議がなされ、金子の提案で日本協会にメッセージを送ることとなった。しかし、日本協会は政治的問題を扱わないスタンスを取っており、これに呼応してくれない。十一月二日、第二次排日土地法が成立し、日系移民の土地所有に加えて、借地権が否認され、また、アメリカ国籍を持つ未成年の後見人の土地所有も禁止されることになる。

金子はこうした措置は人種差別であるとして、日米間に連合高等委員会を設けて解決策を協議すべきだと訴えたが、幣原喜重郎《きじゅうろう》駐米大使の反対を受け、また日米協会自体が資金不足に陥ってしまい、機関誌も休刊になる。

一九二三年九月一日に関東大震災が発生すると、金子自身、自宅が焼失し、家族の一人も失うが、アメリカからは多額の義援金や救助物資が送られ、日米協会はその窓口となった。しかし、一九二四年五月にはアメリカ連邦議会で日本人移民を完全に規制する排日移民法が可決され、失意の金子は会長を辞任する。金子はアメリカに裏切られたという思いが強かったようで、次第に国家主義化、右傾化、そして嫌米化していく。

アメリカを知り、アメリカを嫌う

一九三九年二月、駐米日本大使を務めた斎藤博がワシントンで死去し、四月にその遺骨を乗せた軍艦アストリアが来日した。このとき、これを歓迎する式典が企画され、金子が委員長を務めたが、駐日アメリカ大使のジョセフ・C・グルーは、金子について、「この人は日本における米国の最もよき友人という一種の伝説的後光で包まれているが、私は一九三二年の苦い経験から、彼が根本的にはちっとも友好的でないことを知っている」と記し、式典にもきわめて消極的な態度を示している（『滞日十年』上）。「一九三二年の苦い経験」とは、この年に建国された満洲国の承認に対する、金子の態度を指しているのであろう。同年九月、枢密院本会議は日本の満洲国承認を全会一致で可決したが、金子はこのとき、枢密顧問官であった。アメリカは不承認の立場を取っており、その意味で、「苦い経験」にはちがいなかった。

当の金子自身は晩年まで、外交官よりもアメリカに精通していると自負していた。一九三八年九月に金子は、「私ハ年若クシテ米国ニ留学シ、大学ヲ卒業スル迄八年間居ツタノデ、黒人ノ子供ヤ靴磨キノ子供ノヤウナ下層階級ノ者ヤ中流、上流ノ者モ皆友人トシテ交際シタ結果彼等米国人ノ心理状態ヲ能ク知ツテ居ル。……大多数ノ日本人、殊《こと》ニ今ノ外務省ノ大学出ノ人々ハ米国ヘ留学シタコトモナイシ米国人ノ心理状態ト云フモノヲ知ラナイ」と語っている（「諸修史関係雑件／外交資料蒐集関係　第三巻」）。アメリカを知っていると自負するからこそ、裏切られたと感じた際の絶望感は、親友に裏切られたそれに似た、深い悲しみを帯びていたにちがいない。

　こうして晩年の金子は嫌米化の色を濃くし、アメリカ側からも信用されなくなっていった。かつて金子の行ったようなエリートによる外交自体、限界を迎えていく。酒井一臣氏は、「金子のような日本人と、金子がハーバード大学で会ったようなアメリカ人であれば相互理解は進むと考えていたようである。……民主化が進むなか、エリート間の秘密外交でことが決する時代は終わりつつあった」と指摘する（『金子堅太郎と近代日本』）。

5　学生の変化、時代の変化

武士と士族の時代の終焉

新島をはじめ、吉原や金子、小村、團、吉川らは、幕末維新期の日本で武士として、華士族として育てられ、南北戦争直後のアメリカで、その建国精神を肌で感じ取ってきた。彼らだけではない。本書で取り上げてきたアメリカ留学生のほとんどは、士族であり、武士としての教育を受けて育った世代であった。彼らは法を求め、技術を求め、知識を求め、あるいは神を求めてアメリカに渡り、国家や郷土、家名の期待を背負って、必死で学び、アメリカ人からも尊敬を集めた。その成功を背に、彼らは日本に帰り、政治や外交、経済、教育や宗教などの各分野で、指導力を発揮していった。

しかし、そのアメリカでは、内村が敏感に感じ取ったように、人種差別や拝金主義が台頭しはじめていたし、日露戦争後は排日移民問題が激化し、第一次大戦後には、さらに大国化するなかで、モラルを失い、利己主義が加速しはじめていた。團はそれに警告を発しつつ、日本に対しても、物質的繁栄とは裏腹に、精神的に退歩しており、自分の頭で考えず、ナショナリズムが横行していると苦言を呈した。吉川や朝河は日米の利害が衝突することを恐れ、相互理解のための装置を、大学に設けようと試みた。金子は日米協会という窓口を通して、移民排斥に奔《はし》るアメリカに再考を促し続けた。それは、「維新」と「建国」という、日本とアメリカの「原点」を知るが故の、懸命な営みであったといえよう。

しかし、吉川は第一次大戦中の一九一五年に死去し、團も一九三二年に暗殺される。高橋も一九三六年に、二・二六事件で射殺された。小村も、目賀田も、鳩山も、内村も、新渡戸も、すでに世を去った。日米関係は日本の大陸政策や排日移民問題などで悪化の一途をたどり、それをつなぎ止める人材は、消え去りつつあった。ナショナリズムが高揚し、世論が政治を動かす時代には、こうしたエリートに頼る外交自体、もはや限界に達しようとしていた。

模索するエリートたち

新たな時代を担う学生や留学生の思考や指向も、変わりつつあったようである。日露戦争で勝利してのち、日本はそれまでの国家目標であった不羈《ふき》独立を達成し、次なる国家目標はあいまいになっていく。明治の留学生を含むエリートたちは、国家の独立や郷土の発展、家名の存続といった意識を濃厚に背負って、アメリカで現地の友人たちと交わり、欧米列強に比肩することを目指して苦闘したけれども、そうした目標は日露戦争で達成され、若きエリートたちの視線は個人的な栄達を示す「出世」へと、向けられていった。

夫氏は、次のように指摘している。

（明治のエリートたちと若きエリートたちの違いは―引用者）明治のエリートたちが、近代化の中で、自分たちが西洋人と伍して行けるであろうか、という不安を持ちながら苦闘したのに対して、日露戦争後の若きエリートたちには、国家の発展の闘いよりも、目の前に個人の「出世」というゲームが置かれていたことである。そこでは国家が語られながらも、内実は彼らの周りを取り巻く「世間」における人生ゲームであった。……明治の四十年間による成功が国家権力内での出世のゲームを確立し、そのゲームにいそしむことが、彼らに国家的事業への真の感覚を失わせた（後略）。（「坂の上の明治人―夏目漱石と司馬遼太郎」）

個人的な「出世」を追い求め、そのゲームに勤《いそ》しむエリートたち。その多くは東京帝国大学を頂点とするドメスティックな学歴社会から生み出され、「出世」の未来すら見いだせない若者たちは、夏目漱石の小説に登場するような「高等遊民」として浮遊していく。もはや西洋人に遅れを取ることはなく、自分たちはアジアを代表する文明国だという自負を抱いた新世代のエリートたちが台頭してきたとき、国家を背負い、アメリカに夢を求めて渡って、日米の絆を築いてきた世代の苦学生の姿は、確実に時代遅れのものとなっていった。

日露戦争の難局を乗り切った「国家的事業への真の感覚」も、継承されることはなく、アメリカとの絆を紡ぐ糸は世代交代や暗殺とともに一本一本切れ続け、ナショナリズムの高揚とともに、その糸はさらに細くなっていき、日本人のアメリカ理解や感覚は、次第に抽象的、あるいは偏向的になっていく。團が指摘したように、アメリカ自身が建国の精神を見失い、利己主義に走っているという面もあったし、排日移民問題や日本の大陸政策などをめぐる国家間の利害の衝突もあり、もはや幕末維新期のような蜜月時代を想起すること自体が、非現実的になっていった。

6　松岡洋右のアメリカ留学と外交——清沢洌との対比から

松岡の渡米と特異なアメリカ観

金子の嫌米化と同様に、アメリカ留学生がむしろ、アメリカとの対立の中心に立つようになっていく。日米開戦直前まで外相を務めた松岡洋右《ようすけ》は、アメリカのオレゴン大学を卒業し、アメリカを「第二の故郷」としていた人物であった。日露戦争開戦の年に外交官試験に合格して外務省に入省し、戦争終了時には二十五歳である。

以下、松岡の生涯と日米関係について、主に服部聡氏の『松岡洋右と日米開戦―大衆政治家の功と罪』に依りながら、追っていきたい。

松岡は一八八〇年三月四日に、山口県の廻船問屋の家に生まれた。しかし、生家が破産したことを受けて、一八九三年に渡米する。伯父がアメリカで成功を収めたことに、刺激を受けたものであった。同年三月、松岡はオレゴン州ポートランドに到着する。松岡が頼った現地の実業家は、中国人をクーリー（苦力）として密輸取引した経験があり、松岡自身、人種差別を受けた。服部氏は、「それが原因となって松岡が反米主義者になることはなかったが、アメリカに対する松岡の強烈な対等意識は、この時期に形成されたらしい。日本人はすぐに謝り、譲歩し、妥協点を探ろうとする癖があるが、これに対して松岡は、自己主張の強いアメリカ人と同様に、日本人もまた堂々と自己主張し、争うべきであるという認識をもったのである」と指摘している（『松岡洋右と日米開戦』）。

松岡が在野で政治活動を展開していた一九三四年十二月、日本はワシントン海軍軍縮条約の破棄を通告したが、その直前に、松岡は次のように述べている。

白人は我々よりも打算的に動く、だから強い時に手はつけられぬが、一度これは駄目だ、とても敵《かな》はぬと思つたらさつさと匙を投げてしまふ、そこにアメリカ人の錯覚がある、即ち、自分達が然うだから日本人も同じだと考へてゐるらしいのだ、が、日本人は少し性《たち》が違ふ、……日本は海軍の手足を縛られたからと云つて、これは敵はんなぞと悲鳴をあげもしなければ匙を投げないのである、……日本の対米外交はこれ以外にはないのだ、事実日本人は圧迫されゝばされるだけ強くなる、そして最後には強い力で爆発する、さうなつたら実に矢でも鉄砲でも持つて来いである、しかも必ず神風が吹いて、神は日本を守り必ず勝利を得る、この点を充分アメリカ人に認識させなくてはならぬ。（菅谷英世『華府条約廃棄と日本の危機』）

アメリカ人は主張が強い反面、強く出られると退くが、日本人はそうではないし、そうであってはならない。神はその日本を援護し、戦えば必ず勝つ。松岡はそう信じていた。

外交官としての未来

一八九五年に、松岡はカリフォルニア州オークランドの高校に入学したが、途中で退学して弁護士事務所などで学資を稼ぎ、一九〇〇年にオレゴン大学の夜間部で法学を修めて卒業した。卒業後は資金を貯めてハーバードかイエールに進学したいと考えていたが、母親の健康がすぐれず、実家からはやく帰国するよう求められたため、一九〇二年に日本に帰る。在学中から徳富蘇峰などの国家主義的思想に傾倒しており、帰国後は、漢学や漢詩に親しんだという。

外交官試験を受けたのは、兵役義務を回避でき、また、英語を生かした出世が見込めたため、といわれている。東部のアイビーリーグ（ハーバード大学、イエール大学、ペンシルベニア大学、プリンストン大学、コロンビア大学、ブラウン大学、ダートマス大学、コーネル大学）に学んだ小村寿太郎や金子堅太郎、鳩山和夫などとは、対照的なアメリカ留学体験であり、そのことは、誰よりも松岡自身が自覚していたと思われる。

外務省では中国勤務を希望し、実際に大陸畑を歩んだが、第一次世界大戦の終結によって帝国主義時代が終わり、各国間交渉の外交の重要性は低下、外交官という仕事での出世が見込めないと踏んだ松岡は一九二一年に退官し、ビジネスに活躍の舞台を求めて南満洲鉄道の経営に参画し、路線拡大に尽力した。一九三〇年、かねて政界進出を考えていた松岡は、立憲政友会から出馬して衆議院議員に当選する。一九三一年、中国東北部の柳条湖で関東軍が満鉄線路を爆破し、これを契機に関東軍が東北三省を占領、満洲国を建国した。満洲事変である。これを受けて、一九三二年、国際連盟は満洲事変および満洲国を調査するため、リットン調査団を派遣し、日本の行為は自衛行為とはいえず、満洲国も満洲人の自発的意志で建国されたものではないとする報告書が提出される。アメリカはスティムソン・ドクトリンを発表し、門戸開放原則の立場から満洲国を承認しない立場を取り、これがフランクリン・D・ローズヴェルト政権にも継承されていくことになる。

同年末に開催された連盟臨時総会に、松岡は満洲通で、かつ英語が堪能であることから、日本全権代表として派遣される。松岡は総会で、英語で一時間を超える演説を行って報告書を批判し、日本の正当性を主張した。三輪公忠氏は次のように厳しく指摘する。「松岡の饒舌は、妥協よりも挑撥に、紛争解決よりも拡大に、外交上の国家的目的よりも、国内政治における自己の人気に向けて発動されていたようである」（『松岡洋右』）。一九三三年に行われた採決では、圧倒的多数で報告書が採択され、松岡は不満の意志を表明して総会会場をあとにした。この後、日本は国際連盟を脱退する。

松岡を支配していたのは、自由主義や欧米思想に対する否定的感情と日本への回帰志向、また、移民差別や学歴コンプレックスに裏打ちされたアメリカに対する対抗心であった。松岡は外相時代の一九四一年五月に刊行した『興亜の大業』で述べている。「今日の世界空前の行詰りを招来し、人類史上未曾有とも謂《い》ふべき危機を誘発したるものは、実に此の西欧人の物質本位の科学文明であり、物慾主義であり、自由主義であり、個人主義であるが故に、之を救済し得る唯一の原理があるとすればそれは皇道の中に於てのみ見出され、汎《あまね》くは東洋精神の中に於て見出さるべきであらう」。

アメリカに反感をもたなかった清沢

この点、同じく西海岸に渡り、多感な青年期に日本人移民排斥運動に直面した清沢洌《きよし》が、アメリカに対する好意的感情を維持し、自由主義・平和思想の立場を失わなかったのとは、対照的であった。清沢はのちに外交評論家として活躍することになるが、彼がアメリカに対して反感を抱かなかった理由について山本義彦氏は、「排日運動の流れの中でも、自分の周辺の人々の中には、（キリスト教牧師たちのような――引用者）排日運動に毒されない環境があることを認識」したためだとしている（『清沢洌――その多元主義と平和思想の形成』）。

また、北岡伸一氏は、「清沢が移民問題全体について悲観的であったわけではない。……日本人が迫害されるのは、あまりに勤勉でアメリカ人労働者の職業を脅かすからであった。したがってそれはむしろ日本人の強みであった」と指摘している（『清沢洌―外交評論の運命』）。

清沢は長野県南安曇野《あづみの》の農家に一八九〇年二月八日に生まれ、内村鑑三の弟子であるキリスト者の井口喜源治《きげんじ》の研成義塾に学び、井口の勧めで、アメリカにピューリタン的理想を描いて、一九〇七年、移民としてワシントン州に渡った。このため、当初はキリスト教信仰を抱いていたが、やがて放棄したという。現地のデパートや鉄道などで働きながら、清沢はタコマ・ハイスクールとホイット・ウォース・カレッジで政治・経済について学び、ワシントン大学の聴講生となったといわれているが、その在籍の実態については疑問が呈されてきた。

筆者がホイット・ウォース・カレッジ（二〇〇七年にホイット・ウォース・ユニバーシティーと改称）図書館に照会したところ、一九〇八年から一九一八年までの在籍生・卒業生名簿には、十九名の日本人・日系人が見いだされるものの、清沢の名前はないとのことであった。聴講生として授業を履修していた可能性は否定できないが、少なくとも正規生ではなかった。

ワシントン大学についても、同大学の図書館および「Office of the University Registrar」によると、一九〇五年から一九二〇年の間に登録された全学生のリストのなかに、清沢の名前はないとのことである。それでも、アメリカの事情を肌で吸収した清沢は、地元紙のジャーナリストとして活躍し、一九一八年に帰国後も、『中外商業新報』（のち、日本経済新聞）や『東京朝日新聞』、さらにはフリーランスのジャーナリストとして、敗戦約三ヶ月前の死に至るまで、陰に陽に、健筆を振るっていく。

清沢は、松岡を批判した。ジュネーブでの国際連盟総会から帰国した松岡に対して清沢は、「私は今、あなたを迎へて、計らずも二十七ヶ年以前に、同じ米国から帰つた日本全権小村寿太郎男を想起します」と松岡に語りかけ、日露戦争時と現在とを比較する。当時と現在との異なる点として、「日露戦争当時にあつては、総理大臣桂太郎と、外務大臣小村寿太郎は一体となつて、いかに民論の迫害があらうとも断乎として講和会議を纏める意志のあつたのに対し、ジュネバ会議の場合には、総理大臣斎藤実《まこと》、外務大臣内田康哉《こうさい》は民論の赴くまゝに動くといふよりも、寧《むし》ろ民論に責任を転嫁して『輿論の趨向《すうこう》』とか『国民の総意』とかと、この蔭に隠れんとしたこと」を挙げる。また、「桂と小村が絶対に、わが国の国際的孤立を避けんとしたに対して、斎藤と、内田は寧ろわれから進んで孤立を選んだ傾きのあつた」と指摘し、さらに「日清戦争の時も、日露戦争の時も、必らず衆論に抗して毅然として立つ少数有力者があつた。……しかるに昭和八年、同じ国家の危険に面して、説の当否は問はず、××××のために説をなすものは何処《どこ》にありますか」と追及する。「××××」は検閲によって伏せ字にされたもので、国際協調などを指すのであろう。その上で、「あなたの特長は直情径行にあります。今後、この特長が恐らくは日本の社会で貴方《あなた》をして大をなさしめると思ふ。が、ジェネバで必要としたのはそれだつたらうか」と、予言を含めた疑問を呈した（『激動期に生く』）。

松岡のアメリカに対する不信感

松岡が連盟総会から帰国した後、満鉄と関東軍から松岡を満鉄総裁に迎えようとする動きが生まれ、松岡はこれを受けて満鉄総裁となり、一九三九年まで在職した。この間、日中戦争が勃発して泥沼化し、近衛《このえ》文麿《ふみまろ》内閣は「東亜新秩序」を掲げて、日本と満洲、中国大陸の占領地をもって、自給経済体制を構築することを目指した。これにより、現状の国際秩序を維持したい英米との関係が悪化する。日本は、やはり連盟を脱退したドイツと、日独防共協定を締結、その後イタリアがこれに加わった。欧州では第二次世界大戦が勃発し、ドイツが次々と戦線を拡大する。日本は対米貿易依存を改善すべく、資源の豊富な南方への進出を企図し、アメリカは警戒感を強めていく。

一九四〇年七月、第二次近衛文麿内閣が成立すると、松岡は外相に就任した。松岡は外交で成果を挙げ、首相の座をねらう野心も抱いていたとされる。松岡は日本の南進政策を進め、「大東亜共栄圏」の構築を唱道し、日独伊三国軍事同盟を締結する。南進政策に対して経済制裁を加えてくるアメリカとのさらなる関係悪化を避けるべく、松岡は駐米日本大使館を通じてアメリカの世論工作に乗り出し、三国同盟が平和維持を目的とすること、「大東亜共栄圏」が排他的でないことなどを宣伝していくが、効果はほとんどみられなかった。松岡は日ソ中立条約を締結することに成功するが、同盟国であるドイツがソ連と戦争を開始する。独ソ戦を受け、松岡は従来の南進論を棄てて、北進論、すなわち対ソ開戦を訴えることになる。それは、南進論によって対米関係が悪化し、日米開戦に至らないようにするための措置でもあった。しかし、松岡の北進論が採用されることはなかった。

松岡は、アメリカに対する不信感を抱いていた。例えば一九四一年二月二十四日の衆議院決算委員会で、平和的なアジア政策を取って英米との障害を取り除くべきではないかと問われた際、「白人」は日本人を信用しておらず、うまいことをいって中国人をひどい目に遭わせ、「聖戦」や「皇道」というのも言葉だけだと思っている、「ドウシテモ白人等ニハ吾々ノ信念ガ分ラナイ」、特に「アメリカ」の友人は、「先年山東カラ日本ガ退イタ」といっても信じなかった、と不信感を露わにしている（「決算委員会会議録」一九四一年二月二十四日）。

松岡は日米交渉に対しても消極的であり、アメリカ側もローズヴェルト大統領以下、そうした松岡に対して冷淡であった。対米関係の改善を目指す近衛との関係が悪化し、一九四一年七月、第二次近衛内閣は総辞職して、近衛は再組閣、松岡は外相から外された。その後、日本軍は南部仏印に進駐、アメリカ側のさらなる経済対抗措置を引き起こすこととなる。

十月に第三次近衛内閣の総辞職を受けて成立した東条英機内閣は、ゼロからの日米交渉を試みることになるが、交渉継続を求める東郷茂徳《しげのり》外相と、早期開戦を望む軍部とが対立し、戦争準備と交渉を併走させ、交渉が妥結しなかった場合は開戦に踏み切ることを決定する。しかし、アメリカ側の態度は硬化しており、交渉の余地はなかった。

松岡はアメリカとの戦争を望んだわけではないけれども、日露戦争時のような、大統領と直接信頼関係を構築し、アメリカ世論全体を動かせるような日本人は、もはやいなかったし、松岡自身、その任にふさわしい存在ではなかった。

三輪公忠氏は『松岡洋右―その人間と外交』で、次のように指摘する。「アメリカの東部の名門校は同窓会の結束が強く、アメリカ社会の上層部において隠然たる力となっていることはまぎれもない事実である。松岡が会見した大統領（フランクリン・D・ローズヴェルト―引用者）はハーバードの卒業生であったし、彼の陸軍長官は、満州事変当時はフーバー大統領の国務長官でもあったスチムソンで、彼はエール大学の出身であった」。また、次のようにも述べる。「松岡がどれほど弁舌が立ったとしても、アイビーリーグ大学の出身者同士ならたくまずして生まれる親和感というものにおいて……遅れをとったことになる。そして、このようなたくまずして生まれる親和感こそが、日米関係のような、ともすれば、ぎくしゃくとしたフォーマリティーか、さもなければ、無意味な哄笑に終始してしまいがちな人間の接触において、唯一の信頼関係の絆となりうるものだった」。

エリート外交が通用する余地自体、限られていたが、そんななかで、日米の絆を結ぶ限りなく細い糸をたぐりながら、開戦回避に向けて行動した人物がいた。朝河貫一である。

7　朝河貫一の開戦回避工作

『日本の禍機』

朝河はすでに一九〇九年刊行の『日本の禍機《かき》』において、日米の衝突に警鐘を鳴らしていた。朝河はいう。日露戦争後、「一般の俗衆はただ漠然日本を疑い、または恐れ、または憎む」情勢になっており、それは日本が「戦勝の余威を弄して次第に隣近を併吞《へいどん》し、ついには欧米の利害にも深き影響を及ぼすに至るべきがゆえなり」。日本は「領土保全」と「機会均等」という二大原則に反して満洲に勢力を伸ばそうとしており、実際、「日本の満州における不正を訴え来る通信続々発表」されており、「戦前世界が露国に対して有したる悪感は、今や変じて日本に対する悪感」となっている。満洲問題や移民問題でアメリカとの関係も悪化しており、日本が二大原則を遂行して「旧外交」を脱し、「新外交」に移行しなければ、「米国の我が敵となることある」、と朝河は日米衝突を懸念する。拝金主義による腐敗や膨張主義による対外政策の失敗、これによる民情の不統一、といった日本人のアメリカ理解が「誤解曲解」であるとして反駁した上で、朝河は次のように説く。

> 読者試みに日本に対したる米国の行為を追想せられよ。日本が幕末、気は逸《はや》れども力足らずして欧州諸強国の爪牙《そうが》にかからんとするの恐れありしに当りて、まず誠意をもって我を開導して、彼等の強欲を逞しくするの機なからしめんことを方針としたるは、豈《あに》米国にあらずや。……教育上ほとんど寛大に過ぐるまでの便宜を我が学生に与えて、絶えず日本を扶掖《ふえき》したるは豈米国にあらずや。

朝河の脳裏には、日本の開国を導いたアメリカ、海を渡ってアメリカで学んだ留学生たちの軌跡が、浮かび上がっていたのであろう。そのアメリカ人が、大陸で勢力を拡大しつつある日本に憎悪の目を向けている。最も恐れるべきは東洋における日米の衝突であり、それを避けるために、日本は二大原則を守らねばならない。いまは「日本の最危機」である、と朝河は説いた。

繰り返される警鐘

この頃から、朝河は繰り返し、母校・東京専門学校の創設者である大隈重信に書簡を送っている。例えば一九〇八年五月二十一日には、「日本こそは東洋平和を乱すべき張本人」と信じられているとして、「日本が未だ戦後の新境遇及世界文明の新傾向を充分に感ぜざるの致すところと存候。……国民の猛省を促がすべき危機今日に在りと存候」と『日本の禍機』と同趣旨のことを伝えている（『朝河貫一書簡集』、以下、朝河の書簡についてはすべて同じ）。この前年、朝河はイエール大学講師となっていた。日本人移民問題をめぐっては、一九一三年六月十五日付の大隈宛書簡で朝河は、「日米間の加州事件ハ……日本の従来の態度の為に解決に甚不便の地に陥候趣あるは遺憾に候」と、日本側に問題があるとし、「よく米国の国情を研究」することの必要を説き、大隈に渡米を促している。

第一次大戦下で大隈内閣が対華二十一箇条要求を発して、旅順・大連の租借期間の延長、山東半島のドイツ権益の継承などを求めると、ウィルソン政権は門戸開放の立場に立って、日本と対立する。朝河は大隈に対して一九一五年五月二十四日付で書簡を送り、アメリカ国内で日本への批判が強まっていることを伝えて、「日本の将来の一大事ハ、支那ニ関する日米の相互感情如何ニ在りと存候」と、日米間の感情対立が悪化することを懸念し、「日本の方針ハ、支那ニ不利を与へて日本の利を得んとするニあらず。支那ニおける西洋人の不利なる方面ニ、日本の利権を得んとするにあらず」とアメリカに説明すべきであると提案した。

具体的には「日本・支那の共利共進」「日支が平衡を得て、健全なる競争的友邦となり、支那が始めて西洋より与へられる羈絆《きはん》を脱し、東洋が始めて完全の独立主権を得んこと」「日支の共進、東洋の自由ニよりて始めて東西の関係を健全なるものとなし、東西始めて相刺戟し、相助成するの時ニ到らんこと」（傍線原文）を主張すべきだと述べている。

日本に「猛省」を促す

朝河は一九一〇年にイエール大学助教授となり、一九一七年に東京帝国大学に留学し、一九三〇年にイエール大学準教授となるが、その翌年に満洲事変が勃発する。朝河は大久保利武に宛てて一九三二年二月十四日に書簡を送り、これを兄の牧野伸顕（内大臣）に伝えてほしいと依頼している。この書簡で朝河は、「今度の趣旨の日本の根本の誤ハ、日支間の難局を兵力ニて一気に解決し得べきものと思ひしことニありと存候。こは甚しき暗愚の迷想と存候」と厳しく日本を批判し、「返す〴〵も此度の事は、往年露ニ対し候時と比して、日本の目的の高卑、主張の公私、説明の緊密と疎漫、列国の同情と憎悪、日本の国運及民心に対する影響の善悪、いづれも莫大の差あり。……支那ハ正しく大反省、大改造を要する時機にあり候へども、日本が猛省を要する度ハ之に劣らずと思はれ候」と、日露戦争時と比較して、日本があまりに不利な状況を生み出しており、「猛省」を促すとしている。

一九三六年に日独防共協定が結ばれると、朝河は知人宛の十二月六日付の書簡で、「日独協定について言えば、それはほとんどなんらかの軍事同盟とか精神的同盟とさえ呼びうるものではありません。……なにも得ることはできず、失なうものはきわめて大きいものとなるでしょう」と酷評し、「この協定は、侵略的共産主義のうちに共通の敵をもつ孤立した二列強にとってある程度の、不確かな慰めを与えるよう意図したものであると言えば、たぶんこの協定の目的を最も正確に表現したことになるでしょう」と断じている。この翌年、朝河は日本人としてはじめて、イェール大学教授に就任した。

一九三九年十月二十二日、朝河は友人の村田勤に宛てた書簡で、日本の掲げる「東亜の『新秩序』」について、「それ自体が武力と莫大の殺傷と破壊とに生れたものである故に、もし之を文字通りに遂行せんとすれば、始終武力と無理な作為的施設とに頼るの外なかるべく、又もし日本が支那ならば耐へ難い屈辱である故に、支那ハ常に反抗して常に動乱し、遂に恐るべき日本国難を生ずべきものと信じます」と予想している。翌年に日独伊三国軍事同盟が結ばれると、九月二十九日付の村田宛書簡で、これは「有史以来ノ大誤失」であり、「英米ヲ共敵」として「禍害ヲ自ラ招クベキコトニ御座候」と述べた。

日米開戦回避に向けた外交交渉が野村吉三郎《きちさぶろう》・駐米日本大使らによって行われるなか、一九四一年十月十二日、朝河は、明治初期アメリカ留学生の生き残りである、金子堅太郎に書簡を送る。この書簡で朝河は、「支那ノ軍ヲ解キテ征地ヲ返付シ、三国同盟ヲ破棄シテ其ノ正理ヲ世ニ宣明シ、独伊ニ断言シ、改法シテ軍務ト政務トヲ裁分」することを提案し、「軍人的・非史的閉眼固陋《ころう》ハ、第二ノ幕府封建トシテ国ヲ陥ル、モノニ候ヘバ、モシ軍部自身ガ慶喜ト海舟程ノ公明ナル勇退ヲ敢行スル道義的勇気ナクバ、外間ヨリ聖旨ヲ申請シテ断行スルノ外ナカルベク候」と述べ、軍部が政治から「勇退」すること、できなければ天皇の「聖旨」をもって断行させることを求めた。

結局この書簡は、開戦に間に合わず、さらに英国情報機関の検閲に掛かって朝河のもとに戻ってきた。届いていたとしても、高齢で闘病中であり、すでに嫌米姿勢に傾いていた金子の心に響いたかは、わからない。

日米戦争阻止のために奔走

朝河が、友人であるハーバード大学フォッグ美術館東洋部長のラングドン・ウォーナーに宛てた十一月十六日付の書簡に、金子宛書簡を同封したところ、二日後、ウォーナーはローズヴェルト大統領から昭和天皇に親書を送り、日米戦争の阻止を働きかけたらどうか、と提案する。朝河はこれに賛同して草案を起草、ウォーナーはワシントンDCでホワイトハウスや国務省、陸軍省に親書草案を提出すべく奔走した。

朝河草案とは似て非なるものとなってはいたが、ローズヴェルト大統領は実際に昭和天皇に親書を送っている。これが送付されたのは十二月七日午前（日本時間、以下同）、電報を受け取ったジョセフ・C・グルー駐日アメリカ大使が東郷茂徳外相に天皇への拝謁を求めたのが七日の深夜、東郷外相が天皇に親書を上奏して退出したのが八日午前三時十五分で、真珠湾攻撃はその十分後にはじまった。

朝河の一連の工作をどう評価すべきであろうか。この工作によって発出された大統領親書が、日本政府からアメリカ政府に対する開戦通告を遅延させてしまったとも指摘されており、松村正義氏は、朝河の取り組みを「書簡外交」「評論家外交」と厳しく評価している。一方、山内晴子氏は、この工作が、占領軍が「天皇制民主主義」を採用するにあたって大きな影響をあたえたとしている。その是非を問うことは本書のテーマではないが、日本人アメリカ留学生の系譜が、日米関係の破綻を防ぎきれなかったことはたしかであり、その意味で、日露戦争とは異なり、「個人」の与える影響力が格段に小さくなっていたことは否定できない。日米の絆をつなぐ糸は、ついに切れてしまった。

海軍士官のアメリカ留学

日米戦争の最前線で指揮を執ることになったのは、連合艦隊司令長官の山本五十六《いそろく》である。山本もまた、アメリカ留学生の一人であった。山本が留学していたのはハーバード大学で、一九一九年から二〇年まで英語を学んだ。同窓生たちによると、勉学の傍ら、マラソン競争やボウリング、将棋、日本料理屋で催されたすき焼き会などを楽しんでいたらしいが、山本は艦隊を動かす石油に着眼して、アメリカの石油に関心を持ち、油田を視察し、熱心に多くの資料を読みふけっていたといわれている。山本はその後、ワシントンＤＣの日本大使館に移るが、海軍の後輩・山口多聞《たもん》が訪ねた際、机の上に積み上げられたアメリカの石油関連資料の山に、驚かされた。山口はプリンストン大学に留学し、アメリカの歴史や立憲政治、英語を学んでいる。

のちに山本が駐米日本大使館附武官となった際、留学のため渡米してきた、海軍兵学校で山口の一期上にあたる伊藤整一に、山本は次のように語ったという。

できるだけ視察旅行をする必要がある。否米国の隅々残る隈なく踏破して貰いたいのである。此の旅行が将来の為、何より為になる勉強であり、研究である。室に閉じ籠って英語の本を読む事も勉強かも知れぬが、其れは日本に居てもできる。駐在中はこの国に居る時でなければ他所ではできない事に主力を注ぐべきで、其内でも旅行が一番重要だ。（反町栄一『人間山本五十六』）

英語の本なら日本でも読める。アメリカにいるなら、アメリカでしかできないことをする、そのために旅行し、視察して回ること。それは山本自身の体験に基づくアドバイスであったにちがいない。伊藤は山本の同意を得て、イエール大学に学ぶこととなる。

約五年間のアメリカ滞在で、山本はアメリカを視察して回り、社会、軍事、言語、海軍の生命線となる石油、そして未来の戦力である航空機についての知見を深めた。これが、太平洋戦争の火蓋を切る真珠湾攻撃——アメリカの実力を知り、長期戦は無理と判断した上での航空機による奇襲攻撃——につながっていく。

アメリカ留学生たちの対米戦争

しかし、山本はアメリカの実力を知るがゆえに、ギリギリまで日米開戦の回避を望んでいた。一九四一年九月十八日、母校の長岡中学校（現・県立長岡高等学校）の同窓会で、山本は次のように語っている。

> 米国人が贅沢だとか弱いとか思うている人が、沢山《たくさん》日本にあるようだが、これは大間違いだ。米国人は正義感が強く偉大なる闘争心と冒険心が旺盛である。特に科学を基礎に置いて学問の上から割り出しての実行力は恐る可《べ》きものである。然《し》かも世界無比の裏付ある資源と工業力とがあるに於てをやである。米国の真相をもっとよく見直さねばいけない。米国を馬鹿にして戦争をするなどというのは、大間違いの話だ。……米国の科学水準と工業力と併せ考え、またかの石油の事だけを採って見ても、日本は絶対に米国と戦うべきではない。（同前）

こうした信念を持つ山本にとって、日米開戦の指揮を執らなければならないことは、苦痛であった。一九四一年十一月十一日に畏友の堀悌吉《ていきち》に宛てた書簡で、山本は「個人としての意見と正確に正反対の決意を固め其の方向に一途邁進《まいしん》の外なき現在の立場は誠に変なもの之れも天命という可きか」（同前）と嘆じている。

かくして太平洋戦争の火蓋は切られ、山口は山本のもとで戦い、ミッドウェー海戦で第二航空戦隊司令官として空母「飛龍」で指揮を執って、戦死した。伊藤は戦争末期、第二艦隊司令長官として戦艦「大和」に座乗し、海上特攻作戦で戦死している。山本はこの間の一九四三年四月、ソロモン諸島のブイン基地に赴く途中で、アメリカ軍の戦闘機によって撃墜され、戦死した。

日本のアメリカ留学生の系譜は、ここで一旦途絶することになる。

あとがき

　戦時下の日本国内では、英米的なもの、個人主義、自由主義、功利主義といった思想、さらに英語は、敵性思想、敵性語として、排撃されていった。例えば、創立者・福沢諭吉が英米を模範国とし、個人主義とも捉えられかねない「独立自尊」を掲げていた慶應義塾は、格好の批判のターゲットとなった。

　福沢は幕末に二度、アメリカを訪れ、独立宣言を翻訳するなど、その精神を高く評価していた。例えば、一八七七年に刊行した『分権論』では、アメリカ人の「一国公共の事に心を関するの風」を「ポリチカル・アイヂヤ」と呼び、彼らが、「報国の大義」「国旗の栄辱」「憲法の得失」「地方の議事」を重んじる姿勢と、日本の士族が持つ忠義や討死、文武の嗜《たしな》みといった精神は「同一様」であるとして、これを地方自治に生かすべきだと説いた（慶應義塾編『福沢諭吉全集』第四巻）。

　軍や保守派にとって、こうした言説は到底容認できるものではなく、陸軍士官学校では福沢批判が教え込まれ、開戦前後から、福沢批判が世間で盛り上がったといわれている。

戦時下で大日本言論報国会会長を務めていた、ジャーナリストで歴史家の徳富蘇峰も、『言論報国』一九四四年三月号に掲載された「蘇翁漫談」で、「西洋のことを無茶苦茶に輸入」したとして福沢を批判し、「独立自尊」は「個人主義」であり、「独立自尊でやつて行く以上は愛国といふことなどとは縁が遠くならざるを得ないやうな結果になつて来た」と攻撃している。当時の慶應義塾長・小泉信三は、福沢は国権皇張論、愛国国防論を唱えたといった反論を加えた。

しかし、この論争の約一年半後、太平洋戦争が終わると、アメリカの民主主義が、戦後日本の指針として示され、それまで批判の対象だった個人主義や自由主義、功利主義は、今度は賞賛の対象として、位置付けられることになる。福沢はその象徴として、脚光を浴びる。そうした「手のひら返し」ぶりを、当時、東京帝国大学助教授だった丸山眞男は、次のように描写している。「今次の惨憺たる敗戦によつて、日本の維新以来歩み来つたいはゆる『近代化』の道程がいかに歪曲されたものであつたかが白日の下に曝され、ひとびとが近代的自由を初歩から改めて学び取ることの必要を痛切に意識するに及んで、福沢諭吉はさきごろまでの汚名であつた自由主義者乃至《ないし》個人主義的功利主義者といふ資格に於て、いままた舞台に呼び戻されようとするかの如くである」（「福沢に於ける『実学』の転回」）。

事実、占領下の雑誌や新聞、ラジオなどでは、福沢を自由主義、個人主義、功利主義の先駆者として位置付け、これを賞賛する声が、横溢することになる。

小泉が空襲によって被災し、重傷を負ったため、代わって塾長代理の地位にあった高橋誠一郎が、一九四七年一月、文部大臣に就任する。その際の挨拶で、高橋は次のように述べている。「はなはだ遺憾に堪えませんことは、明治の大先覚者福沢諭吉先生が多年主張して来られた独立自尊主義が多く世の容るゝ所とならなかつたことであります。……慶應義塾に学び、慶應義塾を卒《お》え、慶應義塾に教べんを執つておりました私は今、この学塾が永年主張し来つた独立自尊主義の教育を実際に施すべき時期の到来したことを確信し、みずからはからず、この大任を受諾した次第であります」（「独立自尊主義」）。

この一九四七年の五月二十四日には、慶應義塾創立九十年記念式典が開催され、昭和天皇を迎え、来賓として高橋も出席した。その席上、塾長の潮田江次《うしおだこうじ》は式辞で、「このたび実施せられました新しい憲法と申し、また先ごろ定められました教育基本法と申し、いずれも義塾が九十年来唱えてまいりましたところが、そのまゝ盛られておるのであります。この時にあたり、義塾がこの伝統の精神をもつて国民の先導を勤めなければならないことは明らかであります」と述べている（慶應義塾編『慶應義塾百年史』下巻）。

潮田自身、コーネル大学に留学した、アメリカ留学生の一人であった。潮田に続いて、ペンシルベニア大学への留学経験のある島田孝一（早稲田大学総長）、内村鑑三の弟子・南《なん》原繁《ばらしげる》（東京帝国大学総長）が祝辞を述べた。

かくして、「独立自尊」の精神は戦後に継承され、民主主義国家の柱として位置付けられて、慶應の建学の精神としても「再生」した。自由主義、個人主義、功利主義という欧米思想もまた、戦後思潮の基調となった。それは、アメリカ留学生たちが南北戦争直後以降、バトンをつなぎながら継承し、いったんは切れた精神的系譜が、蘇ったという一到着点でもあった。

筆者も慶應義塾に学び、慶應義塾で教鞭を執る立場から、戦時期の受難や、戦後に福沢が復活した経緯について、関心を持ってきた。そして、その受難の背景に福沢がアメリカを高く評価し、慶應も英米風の学校であったこと、戦後の復活の過程でもアメリカ留学生が重要な役割を果たしたことに気づき、近代日本のアメリカ留学生についての本をまとめることを構想するにいたった。

筆者自身、これまで二度、アメリカ留学を経験している。一回目の渡米は二〇〇五年で、イリノイ大学ロー・スクールに客員研究員として滞在し、アメリカ留学生についての資料の収集にあたった。二度目に渡米したのは二〇一三年のことで、翌年にかけて、ハーバード大学ライシャワー日本研究所の客員研究員、そしてマサチューセッツ工科大学（MIT）歴史学科の客員研究員として、かつて両大学に籍を置いて学んだ日本人留学生などについて、調査を進めた。この間、イエール大学にも通い、イエールの日本人学生や同大学から法学博士号を受けた伊藤博文などについて調査を行い、同大学歴史学部の授業で、その成果の一部を講義する機会も得た。

以後、筆者はこれらの調査の成果を学術論文として発表してきた。本書は書き下ろしが大部分を占めているが、それらの論文のうち四点を大幅に加筆、修正、再構成したものも、含まれている。ここに発表順にその初出論文を挙げれば、「ハーバード大学所蔵吉川重吉書簡について—知られざる日米交流の痕跡—」（吉川重吉著／尚友倶楽部史料調査室・内山一幸編『吉川重吉自叙伝』尚友ブックレット、二〇一三年八月）、「初代日銀総裁・吉原重俊の思想形成と政策展開」（『法学研究』第八十七巻九号、二〇一四年九月）、「伊藤博文への博士号授与と日米外交—『文明』の普及をめぐって—」（『法学研究』第八十七巻十号、二〇一四年十月）、「團琢磨の米国留学と民間外交」（『武蔵野法学』第五・六号、二〇一六年十二月）、である。

本書では触れられなかったが、慶應義塾からアメリカに留学したなかの一人には、福沢の旧主である旧中津藩主・奥平昌邁《おくだいらまさゆき》もいる。その従者として渡米した小幡《おばた》甚三郎は、奥平の世話をしながら、苦学を重ね、やがて心身を病んで、フィラデルフィアで死去した。本書で述べたように、岩倉使節団で渡米した金子堅太郎は、ニューヨークで井上良一の出迎えを受けるが、そこには小幡も同席していた。金子はそこで、すでに慶應を代表する英学者として日本で知られていた小幡の英語が、現地でまったく通じないことを、目のあたりにした。小幡にとっては屈辱的な場面であったにちがいなく、そうしたストレスの積み重ねが、彼の心身を蝕《むしば》んでいったのであろう。明治初期のアメリカ留学生の足跡をたどるとき、国家や郷里の期待を背負い、慣れない土地で勉学に骨身をすり減らして、あるいは病に罹《かか》り、あるいは客死する人々の、いかに多かったことか。本書で取り上げた、いわば留学にもその後の活動においても「成功」した人々の陰で、こうした犠牲があったことにも、触れずにはいられない。

本書をまとめる上では、参考文献に挙げた多くの先学の業績に頼らせていただいた。特に、すでに伝記があり、研究が進んでいるような「有名人」については、その成果に多くを負った。先行研究を牽引されてきた多くの研究者に対し、心よりの敬意を表する次第である。一方、これまでほとんど研究のない、「無名人」については、現地で資料を発掘するほかなかったが、ハーバード、イエール、ＭＩＴをはじめとする各大学の図書館やアーカイブスのライブラリアン、アーキビストのご協力により、多くの資料を発見し、利用することができた。お世話になった方々は多数に上るためお名前は挙げられないが、ここに心より感謝申し上げたい。また、アメリカでの研究や調査にあたって、筆者を受け入れてくださった、イリノイ大学のトム・ギンズバーグ教授（現在、シカゴ大学教授）、ハーバード大学のヘレン・ハーデカー教授、ＭＩＴの永原宣《ひろむ》准教授、イエール大学のダニエル・ボツマン教授には、貴重な機会を与えていただいたことに、深く御礼申し上げる次第である。

　現在、筆者の勤める慶應義塾大学も、アメリカの各大学も、新型コロナウイルスの猛威を受けて、呻吟《しんぎん》している。人々が先の見えない戦いに不安やストレスを抱え、行き場のない不満と目に見えない恐怖に社会が揺れ動いているのを目のあたりにするとき、かつて、困難な時代に海を渡り、忍耐と寛容の精神をもって学問と向き合い、友と語り合いながら、自他の利益を模索していった先人たちの歩みの重さを、改めて感じさせられる。日米関係も対中包囲網の形成という新たな時代に入り、いかにして同盟関係を維持し、これを東アジア地域に展開していくのか、その手腕が問われている。外交当事者にとって、友情に支えられ、絶縁に帰結した近代日本の歩みは、決して他人事ではあり得ない。

本書を上梓することができたのは、文春新書編集部の水上奥人氏のご尽力による。水上氏には、二〇一一年に同社から『福沢諭吉――「官」との闘い』を出して以来、二度目のお世話になった。また、本書の執筆にあたり、慶應義塾学事振興資金および福沢基金による補助を受けた。ここに厚く御礼申し上げたい。

二〇二一年九月一日

三田山上にて

小川原正道

参考文献

プロローグ

（日本語）

『大阪毎日新聞』（一九〇一年一〇月二七日付朝刊）
『東京朝日新聞』（一九〇一年九月一一日付朝刊）
『東京朝日新聞』（一九〇一年一〇月二七日付朝刊）
『東京日日新聞』（一九〇一年九月一六日付東京号外）
『読売新聞』（一九〇一年一〇月二日付朝刊）
『読売新聞』（一九〇一年一〇月二七日付朝刊）
『読売新聞』（一九〇一年一一月二三日付朝刊）
五百旗頭真編『日米関係史』（有斐閣ブックス、二〇〇八年）
「伊藤侯の演説　十月十六日、福井市鐘秀館歓迎会に於て」（『東京日日新聞』一八九九年一〇月一九日付東京朝刊）
伊藤博文関係文書研究会編『伊藤博文関係文書』一（塙書房、一九七三年）
伊藤之雄『伊藤博文―近代日本を創った男』（講談社、二〇〇九年）

伊藤之雄『立憲国家と日露戦争―外交と内政 一八九八～一九〇五』（木鐸社、二〇〇〇年）
春畝公追頌会編『伊藤博文伝』下巻（原書房、一九七〇年）
瀧井一博『伊藤博文―知の政治家』（中公新書、二〇一〇年）
瀧井一博「伊藤博文とユナイテッド・ステーツ（United States）―ステーツマン（Statesman）としての制度哲学」（戸部良一編『近代日本のリーダーシップ―岐路に立つ指導者たち』千倉書房、二〇一四年）
瀧井一博「文明・立憲制・国民政治―伊藤博文の政治思想」（『明治聖徳記念学会紀要』復刊第四六号、二〇〇九年一一月）
千葉功編『桂太郎関係文書』（東京大学出版会、二〇一〇年）
千葉功編『桂太郎発書翰集』（東京大学出版会、二〇一一年）

（英語）

Chicago Dairy Tribune, October 12, 1901
Los Angeles Times, October 11, 1901
The Boston Dairy Globe, October 11, 1901
The Evening Star, October 21, 1901
The New York Times, October 3, 1901
The New York Times, October 25, 1901

The New-York Tribune, October 9, 1901

The Washington Post, October 11, 1901

The Washington Post, October 21, 1901

The Washington Post, October 22, 1901

Yale University and Charlton Miner Lewis ed., *The record of the celebration of the two hundredth anniversary of the founding of Yale College, held at Yale University, in New Haven, Connecticut, October the twentieth to October the twenty-third A.D. nineteen hundred and one* (New Haven: The University, 1902)

Yale Alumni Weekly, Vol. 11, No. 14 (January 1902)

第一章

（日本語）

麻生大作編『高橋是清伝』（高橋是清伝刊行会、一九二九年）

阿部正敏編著『新島襄のアメリカ滞在録』（大学教育出版、二〇〇七年）

犬塚孝明『薩摩藩英国留学生』（中公新書、一九七四年）

犬塚孝明『密航留学生たちの明治維新―井上馨と幕末藩士』（ＮＨＫブックス、二〇〇一年）

犬塚孝明『明治維新対外関係史研究』（吉川弘文館、一九八七年）

井上勝也「新島襄は強い人であった」(『新島研究』第一一〇号、二〇一九年二月)
「ヱール大学日本学生名簿」(Manuscripts and Archives, Yale University Library)
大久保喬樹『洋行の時代―岩倉使節団から横光利一まで』(中公新書、二〇〇八年)
太田雄三『新島襄―良心之全身ニ充満シタル丈夫』(ミネルヴァ書房、二〇〇五年)
沖田行司編著『新編 同志社の思想家たち』上・下(晃洋書房、二〇一八・二〇一九年)
熊田忠雄『明治を作った密航者たち』(祥伝社新書、二〇一六年)
小林功芳『英学と宣教の諸相』(有隣堂、二〇〇〇年)
塩崎智『アメリカ「知日派」の起源―明治の留学生交流譚』(平凡社選書、二〇〇一年)
塩崎智「幕末維新期、米国日本人留学生による英文発信例の考察―中等学校(モンソン・アカデミー)卒業式で朗読された英文スピーチを資料として」(『拓殖大学語学研究』第一二七号、二〇一二年一二月)
高橋是清著/上塚司編『高橋是清自伝』上・下(中公文庫、二〇一八年)
高橋秀悦『海舟日記に見る幕末維新のアメリカ留学―日銀総裁富田鐵之助のアメリカ体験』(日本評論社、二〇一八年)
高谷道男編訳『S・R・ブラウン書簡集―幕末明治初期宣教記録』(日本基督教団出版部、一九六五年)
同志社編『新島襄自伝―手記・紀行文・日記』(岩波文庫、二〇一三年)
同志社社史史料編集所編『同志社百年史』通史編・一(同志社、一九七九年)

新島襄著／祖山大編『わが若き日―決死の日本脱出記』（毎日ワンズ、二〇一三年）
新島襄全集編集委員会編『新島襄全集』第三巻　書簡編一（同朋舎出版、一九八七年）
新島襄全集編集委員会編『新島襄全集』第五巻　日記・紀行（同朋舎出版、一九八四年）
新島襄全集編集委員会編『新島襄全集』第六巻　英文書簡編（同朋舎出版、一九八五年）
新島襄全集編集委員会編『新島襄全集』第七巻　英文資料編（同朋舎出版、一九九六年）
新島襄全集編集委員会編『新島襄全集』第八巻　年譜編（同朋舎出版、一九九二年）
新島襄全集編集委員会編『新島襄全集』第一〇巻　新島襄の生涯と手紙（同朋舎出版、一九八五年）
新渡戸稲造全集編集委員会編『新渡戸稲造全集』第一七巻（教文館、一九八五年）
米欧亜回覧の会・泉三郎編『岩倉使節団の群像―日本近代化のパイオニア』（ミネルヴァ書房、二〇一九年）
三宅晴輝『日本銀行』（文藝春秋新社、一九五三年）
本井康博『ビーコンヒルの小径―新島襄を語る（八）』（思文閣出版、二〇一一年）
本井康博『マイナーなればこそ―新島襄を語る（九）』（思文閣出版、二〇一二年）
吉原重和「新島襄と吉原重俊（大原令之助）の交流」（『新島研究』第一〇四号、二〇一三年二月）
リチャード・J・スメサースト著／鎮目雅人・早川大介・大貫摩里訳『高橋是清―日本のケインズ　その生涯と思想』（東洋経済新報社、二〇一〇年）
和田洋一『新島襄』（岩波現代文庫、二〇一五年）

（英語）

Edward J. M. Rhoads, *Stepping Forth into the World: The Chinese Educational Mission to the United States, 1872-81* (Hong Kong: Hong Kong University Press, 2011)

William Elliot Griffis, *A Maker of the New Orient: Samuel Robbins Brown: Pioneer Educator in China, America, and Japan: The Story of his Life and Work* (New York: Fleming H. Revell, 1902)

第二章

（日本語）

『東京日日新聞』（一八八二年一〇月一〇日付東京朝刊）

『読売新聞』（一八八七年一二月二一日付朝刊）

「伊藤博文関係文書」（国立国会図書館憲政資料室蔵）

「エール大学日本学生名簿」（Manuscripts and Archives, Yale University Library）

「JACAR（アジア歴史資料センター）Ref.A04017155600、単行書・大使書類原本肥田為良・吉原重俊・川路寛堂・杉山一成報告理事功程・全（国立公文書館）」

「吉原重俊関係資料」（鹿児島県歴史・美術センター黎明館蔵）

五百旗頭真編『日米関係史』（有斐閣ブックス、二〇〇八年）

池澤一郎「矢野龍渓撰『故大学法学部教授井上良一君墓表』」（『江戸風雅』第四号、二〇一一年六月）
石瀧豊美「二十六歳で死んだ東大教授井上良一の生涯について—幕末期福岡藩派遣海外留学生の事跡」（『福岡地方史研究』第二九号、一九九一年五月）
石瀧豊美「ボストンの侍・井上良一　一〜一七」（『西日本新聞』二〇〇三年一月四日付夕刊〜四月二六日付夕刊）
井上周介「わが国最初のハーヴァード大学卒業生」（『九州帝国大学新聞』一九三六年八月五日付）
大越哲仁「ラーネッドとセイヤー・カレッジ」（『新島研究』第九九号、二〇〇八年二月）
大山元帥伝刊行会編『元帥公爵大山巌』（大山元帥伝刊行会、一九三五年）
岡崎久彦『小村寿太郎とその時代』（ＰＨＰ文庫、二〇〇三年）
外務省編『小村外交史』（原書房、一九六六年）
笠原英彦「大久保政権の成立をめぐる一考察」（『法学研究』第七四巻六号、二〇〇一年六月）
笠原英彦『大久保利通』（吉川弘文館、二〇〇五年）
片山慶隆『小村寿太郎—近代日本外交の体現者』（中公新書、二〇一一年）
金子堅太郎「明治四年渡米後懐旧録」（高瀬暢彦編『金子堅太郎自叙伝』第一集、日本大学精神文化研究所、二〇〇三年）
樺山資英伝刊行会編『樺山資英伝』（樺山資英伝刊行会、一九四二年）

加毛明「19世紀アメリカにおける大学附属ロー・スクール―イェール・ロー・スクールを中心として」(『東京大学法科大学院ローレビュー』第一一号、二〇一六年一一月)

北口由望「明治初期のイェール大学日本人留学生―田尻稲次郎が学んだカリキュラムを中心に(一)」(『専修大学史紀要』第六号、二〇一四年三月)

北口由望「明治初期のイェール大学日本人留学生―田尻稲次郎が学んだカリキュラムを中心に(二)」(『専修大学史紀要』第一〇号、二〇一八年三月)

京都大学文学部国史研究室編『吉田清成関係文書』一・書翰篇1(思文閣出版、一九九三年)

神戸新聞社編『火輪の海―松方幸次郎とその時代』上(神戸新聞総合出版センター、一九八九年)

小林功芳『英学と宣教の諸相』(有隣堂、二〇〇〇年)

小村寿太郎侯伝記本編集委員会執筆・編『小村寿太郎―若き日の肖像』(小村寿太郎侯奉賛会、二〇一三年)

故目賀田男爵伝記編纂会編『男爵目賀田種太郎』(故目賀田男爵伝記編纂会、一九三八年)

酒井一臣『金子堅太郎と近代日本―国際主義と国家主義』(昭和堂、二〇二〇年)

坂本恵子「『聯邦志略』を読む」(『新島研究』第一一〇号、二〇一九年二月)

塩崎智『アメリカ「知日派」の起源―明治の留学生交流譚』(平凡社選書、二〇〇一年)

塩崎智「１８７０年に実施された米国国勢調査(Census)―日本人留学生情報の分析」(『人文・自然・人間科学研究(拓殖大学)』第四一号、二〇一九年三月)

尚友倶楽部調査室編『西郷南洲逸話（重野安繹著）／有待庵を繞る維新史談（大久保利武著）』（尚友ブックレット、一九九八年）
杉井六郎「イェールの日本人」（『同志社アメリカ研究』第一三号、一九七七年三月）
専修大学『専修大学百年史』上巻（専修大学出版局、一九八一年）
高瀬暢彦編著『金子堅太郎研究』第一集（日本大学精神文化研究所、二〇〇一年）
高瀬暢彦編著『金子堅太郎研究』第二集（日本大学精神文化研究所、二〇〇二年）
高瀬暢彦編『金子堅太郎自叙伝』第一集（日本大学精神文化研究所、二〇〇三年）
竹中正夫「D・W・ラーネッド」（『同志社時報』第七六号、一九八四年三月）
手塚豊『手塚豊著作集』第一〇巻　明治史研究雑纂（慶應通信、一九九四年）
D・W・ラーネッド著／河野仁昭編『回想録』（同志社、一九八三年）
「日銀総裁列伝　第二回　吉原重俊」（『にちぎんクオータリー』第四六号、一九九七年夏季）
新渡戸稲造全集編集委員会編『新渡戸稲造全集』第一七巻（教文館、一九八五年）
日本銀行百年史編纂委員会編『日本銀行百年史』第一巻（日本銀行、一九八二年）
日本史籍協会編『大久保利通日記』下巻（日本史籍協会、一九二七年）
日本史籍協会編『大久保利通文書』第五巻（日本史籍協会、一九二八年）
鳩山春子編『鳩山の一生』（鳩山春子、一九二九年）

藤田正「大久保利通の『国民国家』―『立憲政体に関する意見書』を素材として」（明治維新史学会編『明治維新の政治と権力』吉川弘文館、一九九二年）

米欧亜回覧の会・泉三郎編『岩倉使節団の群像―日本近代化のパイオニア』（ミネルヴァ書房、二〇一九年）

増井由紀美「朝河貫一：自覚ある『国際人』―明治末から大正にかけてイェール大学に見る日本人研究者事情」（『敬愛大学国際研究』第一八号、二〇〇六年一二月）

松村正義『金子堅太郎―槍を立てて登城する人物になる』（ミネルヴァ書房、二〇一四年）

武藤智雄「邦人最初の法学教授　井上良一氏の事ども―ハーヴァード大学三百年祭に因みて」（『法律時報』第八巻九号、一九三六年九月）

村松玄太「近代法制胎動期における私立法律学校の簇生に関する予備的考察」（『明治大学史資料センター報告』第三七号、二〇一六年三月）

本井康博『ビーコンヒルの小径―新島襄を語る（八）』（思文閣出版、二〇一一年）

吉野俊彦『歴代日本銀行総裁論―日本金融政策史の研究』（毎日新聞社、一九七六年）

吉野俊彦『忘れられた元日銀総裁―富田鉄之助伝』（東洋経済新報社、一九七四年）

吉原重和「新島襄と吉原重俊（大原令之助）の交流」（『新島研究』第一〇四号、二〇一三年二月）

（英語）

Students of Yale College, *The Yale Literary Magazine*, Vol. 36, No.2 (November 1870)

William D. Fleming, "Japanese Students Abroad and the Building of America's First Japanese Library Collection, 1869-1878", *Journal of the American Oriental Society*, Vol. 139, No. 1 (January-March 2019)

Woolsey Family Papers (MS 562), box 21, folder 393, Manuscripts and Archives, Yale University Library

Yale College Class of 1870, *The Statistics of the Class of 1870, Yale College* (New Haven: Class Officers Bureau), Manuscripts and Archives, Yale University Library

Yale University, *Catalogue of the Officers and Students in Yale College, 1870-1871* (New Haven: Yale University), Manuscripts and Archives, Yale University Library

Yale University, *Yale University Catalogues 1868-75* (New Haven: Yale University), Manuscripts and Archives, Yale University Library

第三章

（日本語）

『團理事長談話速記（其一～其六）』三井鉱山資料稿本五一〇～五一五（三井文庫所蔵）

朝河貫一書簡編集委員会編『朝河貫一書簡集』（朝河貫一書簡集刊行会、一九九〇年）

阿部善雄『最後の「日本人」—朝河貫一の生涯』（岩波書店、一九九四年）

石井正則『武士道精神の産業人—團琢磨の生涯』（文藝春秋企画出版部、二〇〇一年）

金子堅太郎「故團男の前半生を語る」（男爵團琢磨伝記刊行会編『男爵團琢磨を語る』朝日書房、一九三二年）
故團男爵伝記編纂委員会編『男爵團琢磨伝』上・下巻（故團男爵伝記編纂委員会、一九三八年）
実業之世界社編輯局編『財界物故傑物伝』下巻（実業之世界社、一九三六年）
実業之日本社編『実業家奇聞録』（実業之日本社、一九〇〇年）
実業之日本社編『当代の実業家　人物の解剖』（実業之日本社、一九〇三年）
実業之日本社編『裸一貫から』（実業之日本社、一九二四年）
島田謹二『アメリカにおける秋山真之―明治期日本人の一肖像』（朝日新聞社、一九六九年）
田中宏巳『秋山真之』（吉川弘文館、二〇〇四年）
團琢磨「〈懐旧談〉思ひ出す事ども」（『石炭時報』第一巻六号、一九二六年九月）
福沢桃介『財界人物我観』（ダイヤモンド社、一九三〇年）
三井八郎右衛門高棟伝編纂委員会編『三井八郎右衛門高棟伝』（三井文庫、一九八八年）
三井文庫編『三井事業史』本篇・第三巻上（三井文庫、一九八〇年）
山内晴子『朝河貫一論―その学問形成と実践』（早稲田大学出版部、二〇一〇年）
由井常彦「団琢磨と大牟田石炭コンビナートの構想」（『三井文庫論叢』第四八号、二〇一四年）
由井常彦「団琢磨の民間経済外交―英米訪問実業団（一九二一―二二年）の活動と意義について」（『三井文庫

論叢』第三七号、二〇〇三年）
由井常彦「三井高棟・団琢磨の欧米視察（一九一〇）―三井の国際関係と世界一周旅行（前編）」（『三井文庫論叢』第四九号、二〇一五年）

（英語）

Certification of Attendance and Degree Awarded, Office for Register (School code: 002178), Massachusetts Institute of Technology

"Department of Mining Engineering", *The Technology Review*, Vol. 12, No. 4 (October 1910)

Kris James Mitchener and Mari Ohnuki, "Institutions, Competition, and Capital Market Integration in Japan", *The Journal of Economic History*, Vol. 69, No.1 (March 2009)

Massachusetts Institute of Technology, Office of the President Records, AC 13, box 6, folder 144, Institute Archives and Special Collections, Massachusetts Institute of Technology

Massachusetts Institute of Technology, *Tenth Annual Catalogue of the Officers and Students, with a Statement of the Courses of Instruction 1874–1875* (Press of A. A. Kingman, 1874), Institute Archives and Special Collections, Massachusetts Institute of Technology

Massachusetts Institute of Technology, *Eleventh Annual Catalogue of the Officers and Students, with a Statement of the Courses of Instruction 1875–1876* (Press of A. A. Kingman, 1875), Institute Archives and Special

Collections, Massachusetts Institute of Technology

Massachusetts Institute of Technology, *Twelfth Annual Catalogue of the Officers and Students, with a Statement of the Courses of Instruction 1876–1877* (Press of A. A. Kingman, 1876), Institute Archives and Special Collections, Massachusetts Institute of Technology

Massachusetts Institute of Technology, *Thirteenth Annual Catalogue of the Officers and Students, with a Statement of the Courses of Instruction 1877–1878* (Press of A. A. Kingman, 1877), Institute Archives and Special Collections, Massachusetts Institute of Technology

"News from the Classes", *The Technology Review*, Vol. 12, No. 4 (October 1910)

Takuma Dan, "Experiments on the manufacture of cast iron from Katahdin and Manhattan iron ores in the Institute blast furnace", Thesis (B.S.) —Massachusetts Institute of Technology, Dept. of Mining Engineering and Metallurgy, 1878, Massachusetts Institute of Technology

"Takuma Dan, '78", *The Technology Review*, Vol. 27, No. 2 (December 1924)

"Technology Association of Japan", *The Technology Review*, Vol. 13, No. 5 (May 1911)

W.W. Stevens, "Technology Club of Japan", *The Technology Review*, Vol. 27, No. 8 (July 1925)

第四章

（日本語）

「エール大学日本学生名簿」（Manuscripts and Archives, Yale University Library）

荒川歩「同志社英学校からエール大学のラッドの元への森田久万人の派遣とその成果」（『心理学史・心理学論』第五巻、二〇〇三年一二月）

今井隆吉編『同志社校友会便覧』（同志社校友会、一九二四）

内村鑑三述『後世への最大遺物』（便利堂書店、一八九七年）

内村鑑三著／鈴木範久訳『余はいかにしてキリスト信徒となりしか』（岩波文庫、二〇一七年）

小川原正道「明治期における内地雑居問題とキリスト教対策」（寺崎修・玉井清編『戦前日本の政治と市民意識』慶應義塾大学出版会、二〇〇五年）

沖田行司編著『新編　同志社の思想家たち』上・下（晃洋書房、二〇一八年・二〇一九年）

小原信『内村鑑三の生涯―日本的キリスト教の創造』（ＰＨＰ文庫、一九九七年）

姜克實『浮田和民の思想史的研究―倫理的帝国主義の形成』（不二出版、二〇〇三年）

草原克豪『新渡戸稲造　１８６２-１９３３―我、太平洋の橋とならん』（藤原書店、二〇一二年）

小崎弘道「波瀾多き横井君の生涯」（徳富蘇峰他『故横井時雄君追悼演説集』アルパ社書店、一九二八年）

ジョージ・オーシロ『新渡戸稲造―国際主義の開拓者　名誉　努力　義務』（中央大学出版部、一九九二年）

杉井六郎「イェールの日本人」（『同志社アメリカ研究』第一三号、一九七七年三月）
鈴木範久『内村鑑三』（岩波新書、一九八四年）
住谷悦治『ラーネッド博士伝―人と思想』（未来社、一九七三年）
関根清三『内村鑑三―その聖書読解と危機の時代』（筑摩選書、二〇一九年）
高砂美樹「G・T．ラッドと日本の心理学」（『心理学ワールド』第五六号、二〇一二年一月）
東京女子大学新渡戸稲造研究会編『新渡戸稲造研究』（春秋社、一九六九年）
東京大学大学院人文社会系研究科・東京大学文学部心理学研究室ホームページ（https://www.l.u-tokyo.ac.jp/psy/rekishi.html、二〇二〇年五月一日アクセス）
同志社社史史料編集所編『同志社百年史』通史編・一（同志社、一九七九年）
同志社大学人文科学研究所編『熊本バンド研究―日本プロテスタンティズムの一源流と展開』（みすず書房、一九六五年）
同志社大学心理学部／心理学研究科ホームページ（https://psych.doshisha.ac.jp/about/history/、二〇二〇年五月一日アクセス）
新渡戸稲造著／矢内原忠雄訳『武士道』（岩波文庫、一九三八年）
新渡戸稲造全集編集委員会編『新渡戸稲造全集』第一巻（教文館、一九六九年）
新渡戸稲造全集編集委員会編『新渡戸稲造全集』第六巻（教文館、一九六九年）

新渡戸稲造全集編集委員会編『新渡戸稲造全集』第一九巻（教文館、一九八五年）
新渡戸稲造全集編集委員会編『新渡戸稲造全集』第二二巻（教文館、一九八六年）
庭野吉弘「内村鑑三の初期英学修養―高崎時代から東京外国語学校時代まで」（『日本英語教育史研究』第三号、一九八八年五月）
増井由紀美「朝河貫一：自覚ある『国際人』―明治末から大正にかけてイェール大学に見る日本人研究者事情」（『敬愛大学国際研究』第一八号、二〇〇六年一二月）
松本亦太郎「追懐五十有余年」（『動物学雑誌』第四八巻八・九・一〇号、一九三六年一〇月）
森有正『内村鑑三』（講談社学術文庫、一九七六年）
湯浅与三『小崎弘道先生の生涯』（湯浅与三、一九六七年）
ラッド述『宗教哲学』（福音社、一八九二年）
若松英輔『内村鑑三―悲しみの使徒』（岩波新書、二〇一八年）

（英語）

George Trumbull Ladd papers (https://archives.yale.edu/repositories/12/resources/3313, accessed May 1 2020)

第五章

（日本語）

「JACAR（アジア歴史資料センター）Ref.B08090029600、日露戦役関係各国輿論啓発ノ為末松、金子両男爵欧米へ派遣一件　第三巻（5-2-18-0-33_003）（外務省外交史料館）」

「JACAR（アジア歴史資料センター）Ref.B08090029700、日露戦役関係各国輿論啓発ノ為末松、金子両男爵欧米へ派遣一件　第三巻（5-2-18-0-33_003）（外務省外交史料館）」

「JACAR（アジア歴史資料センター）Ref.B08090029800、日露戦役関係各国輿論啓発ノ為末松、金子両男爵欧米へ派遣一件　第三巻（5-2-18-0-33_003）（外務省外交史料館）」

「JACAR（アジア歴史資料センター）Ref.B08090029900、日露戦役関係各国輿論啓発ノ為末松、金子両男爵欧米へ派遣一件　第三巻（5-2-18-0-33_003）（外務省外交史料館）」

「JACAR（アジア歴史資料センター）Ref.B08090030000、日露戦役関係各国輿論啓発ノ為末松、金子両男爵欧米へ派遣一件　第三巻（5-2-18-0-33_003）（外務省外交史料館）」

「JACAR（アジア歴史資料センター）Ref.B12080958400、諸修史関係雑件／外交資料蒐集関係　第三巻（N-2-1-0-4_1_003）（外務省外交史料館）」

阿部善雄『最後の「日本人」――朝河貫一の生涯』（岩波書店、一九九四年）

五百旗頭真編『日米関係史』（有斐閣ブックス、二〇〇八年）

板谷敏彦『日露戦争、資金調達の戦い――高橋是清と欧米バンカーたち』（新潮選書、二〇一二年）

岡崎久彦『小村寿太郎とその時代』（PHP文庫、二〇〇三年）
小川原正道『近代日本の戦争と宗教』（講談社選書メチエ、二〇一〇年）
外務省編『小村外交史』（原書房、一九六六年）
片山慶隆『小村寿太郎——近代日本外交の体現者』（中公新書、二〇一一年）
金子堅太郎述／東京府教育会編『日露戦役秘録』（博文館、一九二九年）
小崎弘道『小崎全集』第三巻　自叙伝（小崎全集刊行会、一九三八年）
酒井一臣『金子堅太郎と近代日本——国際主義と国家主義』（昭和堂、二〇二〇年）
塩崎智『日露戦争もう一つの戦い——アメリカ世論を動かした五人の英語名人』（祥伝社新書、二〇〇六年）
高瀬暢彦編著『金子堅太郎研究』第一集（日本大学精神文化研究所、二〇〇一年）
高瀬暢彦編著『金子堅太郎研究』第二集（日本大学精神文化研究所、二〇〇二年）
高橋是清著／上塚司編『高橋是清自伝』上下（中公文庫、二〇一八年）
米欧亜回覧の会・泉三郎編『岩倉使節団の群像——日本近代化のパイオニア』（ミネルヴァ書房、二〇一九年）
前坂俊之『明治三十七年のインテリジェンス外交——戦争をいかに終わらせるか』（祥伝社新書、二〇一〇年）
松村正義『金子堅太郎——槍を立てて登城する人物になる』（ミネルヴァ書房、二〇一四年）
松村正義「金子堅太郎と朝河貫一」（慶應義塾大学法学部編『慶應の政治学 国際政治——慶應義塾創立一五〇年記念法学部論文集』慶應義塾大学法学部、二〇〇八年）

松村正義『日露戦争と金子堅太郎―広報外交の研究』（新有堂、一九八〇年）
末里周平『セオドア・ルーズベルトの生涯と日本―米国の西漸と二つの「太平洋戦争」』（丸善プラネット、二〇一三年）
矢吹晋著／編訳『ポーツマスから消された男―朝河貫一の日露戦争論』（東信堂、二〇〇二年）
山内晴子『朝河貫一論―その学問形成と実践』（早稲田大学出版部、二〇一〇年）

（英語）

Linwood O. Towns, “News from the Classes: 1878”, *The Technology Review*, Vol.6, No.3 (July 1904)
Masato Kimura, “The Zaikai's Perception of and Orientation towards the United States in the 1930s”, Masato Kimura and Tosh Minohara ed., *Tumultuous Decade: Empire, Society, and Diplomacy in 1930s Japan* (Toronto: University of Toronto Press, 2013)

第六章

（日本語）

『東京朝日新聞』（一九二二年五月二六日付夕刊）
『東京朝日新聞』（一九二二年六月一二日付朝刊）
『東京朝日新聞』（一九二二年七月五日付朝刊）

『東京朝日新聞』（一九三二年九月一四日付夕刊）
『読売新聞』（一九一〇年一月二八日付朝刊）
『團理事長談話速記（其一～其六）』三井鉱山資料稿本五一〇～五一五（三井文庫所蔵）
「JACAR（アジア歴史資料センター）Ref.B12080958400、諸修史関係雑件／外交資料蒐集関係　第三巻（N-2-1-0-4_1_003）（外務省外交史料館）」
朝河貫一著／由良君美校訂・解説『日本の禍機』（講談社学術文庫、一九八七年）
朝河貫一書簡編集委員会編『朝河貫一書簡集』（朝河貫一書簡集刊行会、一九九〇年）
阿部善雄『最後の「日本人」―朝河貫一の生涯』（岩波書店、一九九四年）
五百旗頭真編『日米関係史』（有斐閣ブックス、二〇〇八年）
井口武夫『開戦神話―対米通告を遅らせたのは誰か』（中公文庫、二〇一一年）
エール大学会編『日本文化図録』（エール大学会、一九三五年）
小川原正道『評伝 岡部長職―明治を生きた最後の藩主』（慶應義塾大学出版会、二〇〇六年）
義済堂編『義済堂百年史』（義済堂、一九七四年）
北岡伸一『清沢洌―外交評論の運命 増補版』（中公新書、二〇〇四年）
吉川重吉著／尚友倶楽部史料調査室・内山一幸編『吉川重吉自叙伝』（尚友ブックレット、二〇一三年）
清沢洌『激動期に生く』（千倉書房、一九三四年）

警察思潮社編『五・一五事件の真相―附・血盟団の全貌』（警察思潮社、一九三三年）
公益財団法人岩陽学舎ホームページ（http://ganyogakusya.jp、二〇二〇年二月一五日アクセス）
公益財団法人防長教育会ホームページ（http://www.bouchou-kyouiku.jp、二〇一六年五月四日アクセス）
古賀元章「1913-14年におけるT.S.エリオットの中道的思考―F.H.ブラッドリーと姉崎正治の影響」（『Comparatio』第一二号、二〇〇八年一一月）
故團男爵伝記編纂委員会編『男爵團琢磨伝』上・下巻（故團男爵伝記編纂委員会、一九三八年）
酒井一臣『金子堅太郎と近代日本―国際主義と国家主義』（昭和堂、二〇二〇年）
佐々木聡『科学的管理法の日本的展開』（有斐閣、一九九八年）
塩崎智『アメリカ「知日派」の起源―明治の留学生交流譚』（平凡社選書、二〇〇一年）
ジョセフ・C・グルー著／石川欣一訳『滞日十年』上（ちくま学芸文庫、二〇一一年）
菅谷英世『華府条約廃棄と日本の危機』（東京毎夕新聞社、一九三四年）
鈴木茂三郎「射殺された團琢磨」（『文藝春秋』第一〇巻四号、一九三二年四月）
高瀬暢彦編著『金子堅太郎研究』第一集（日本大学精神文化研究所、二〇〇一年）
團琢磨「世界現下の反動的傾向」（『国際聯盟』第二巻八号、一九二二年八月）
團琢磨「対欧米の我覚悟」（『東京経済雑誌』第八四巻二一一二号、一九二二年七月）
團琢磨「私が若いときの決心覚悟」（小島直記編集・解説『財界人思想全集 第八巻 財界人の人生観・成功

観』ダイヤモンド社、一九六九年）

帝国議会会議録検索システム（https://teikokugikai-i.ndl.go.jp/#/、二〇二〇年一一月二五日アクセス）

デービッド・Ｊ・ルー著／長谷川進一訳『松岡洋右とその時代』（ＴＢＳブリタニカ、一九八一年）

服部聡『松岡洋右と日米開戦―大衆政治家の功と罪』（吉川弘文館、二〇二〇年）

船曳建夫「坂の上の明治人―夏目漱石と司馬遼太郎」（『文藝春秋　臨時増刊　夏目漱石と明治日本』、二〇〇四年一二月）

ヘンリー・フォード述／サミュエル・クローザー編／加藤三郎訳『我が一生と事業―ヘンリー・フォード自叙伝』（文興院、一九二四年）

防長教育会編『防長教育会百二十五年史』（防長教育会、二〇〇九年）

松岡洋右『興亜の大業』（第一公論社、一九四一年）

松村正義『金子堅太郎―槍を立てて登城する人物になる』（ミネルヴァ書房、二〇一四年）

松村正義「金子堅太郎と朝河貫一」（慶應義塾大学法学部編『慶應の政治学　国際政治―慶應義塾創立一五〇年記念法学部論文集』慶應義塾大学法学部、二〇〇八年）

三輪公忠・戸部良一共編『日本の岐路と松岡外交―１９４０‐４１年』（南窓社、一九九三年）

三輪公忠『松岡洋右―その人間と外交』（中公新書、一九七一年）

矢吹晋「日米戦争前後の朝河貫一とＬ・ウォーナー」（『横浜市立大学論叢　人文科学系列』第六〇巻三号、

二〇〇九年三月）
山内晴子『朝河貫一論―その学問形成と実践』（早稲田大学出版部、二〇一〇年）
山本義彦『清沢洌―その多元主義と平和思想の形成』（学術出版会、二〇〇六年）
山本義彦『清沢洌の政治経済思想―近代日本の自由主義と国際平和』（御茶の水書房、一九九六年）
由井常彦「団琢磨の民間経済外交―英米訪問実業団（一九二一―二二年）の活動と意義について」（『三井文庫論叢』第三七号、二〇〇三年）

（英語）

The Boston Dairy Globe, November 29, 1921
The Boston Globe, May 10, 1906
"Chokichi Kikkawa died at Tokyo Japan", *Harvard Graduates' Magazine*, Vol.XXIV, 1915-1916
Dictionary of Members of the Yale Association of Japan, 1922, Yale University Library
"Dr. Takuma Dan '78 will Speak in Walker Today", *The Tech*, November 28, 1921
Harvard University. President's Office. Records of the President of Harvard University, Abbott Lawrence Lowell, 1909-1933 : an inventory and index, Harvard University (http://oasis.lib.harvard.edu/oasis/deliver/~hua03003, accessed August 12 2016)
"Marquis Jutaro Komura, LL.B. '77", *Harvard Graduates' Magazine*, Vol. XX, 1911-1912

Massachusetts Institute of Technology, Office of the President Records, AC 13, box 6, folder 144, Institute Archives and Special Collections, Massachusetts Institute of Technology
“Prominent Japanese Graduate Dies From Assassin’s Wounds Saturday”, *MIT The Tech*, March 7, 1932
Records of the President of Harvard University, Abbott Lawrence Lowell, 1909-1933 (UAI 5.160.x), Harvard University Archives
“Takuma Dan, ’78, in America”, *The Technology Review*, Vol. XXIII, No. 4 (November 1921)
Thayer, William Roscoe, 1859-1923. William Roscoe Thayer papers (MS Am 1081-1081.3), Houghton Library, Harvard College Library (http://oasis.lib.harvard.edu/oasis/deliver/findingAidDisplay?_collection=oasis&inoid=3122&histno=0, accessed April 6 2013)
William Roscoe Thayer papers, 1762-1927 (MS Am 1081-1081.3), Houghton Library, Harvard University

エピローグ

（日本語）
「JACAR（アジア歴史資料センター）Ref.C08050383900、大正一一年　公文備考　巻二　官職二（防衛省防衛研究所）」
「JACAR（アジア歴史資料センター）Ref.C10100876000、大正八年　外国駐在員報告　巻六止（防衛省防衛研究所）」
「JACAR（アジア歴史資料センター）Ref.C10100876200、大正八年　外国駐在員報告　巻六止（防衛省防衛研究所）」
「JACAR（アジア歴史資料センター）Ref.C10100876400、大正八年　外国駐在員報告　巻六止（防衛省防衛研究所）」
阿川弘之『新版　山本五十六』（新潮社、一九六九年）
朝日新聞社編『元帥山本五十六伝』（朝日新聞社、一九四三年）
ＮＨＫ取材班・渡邊裕鴻『山本五十六　戦後70年の真実』（ＮＨＫ出版新書、二〇一五年）
小川原正道「大正・昭和初期における海軍士官の米国留学―山本五十六、山口多聞、伊藤整一を中心に」（『法学研究』第九四巻八号、二〇二一年八月）
工藤美代子『海燃ゆ―山本五十六の生涯』（講談社、二〇〇四年）
反町栄一『人間山本五十六―元帥の生涯』（光和堂、一九七八年）
豊田穣『世界史の中の山本五十六―歴史を動かした英雄たちの研究』（光人社、一九九二年）
保阪正康『山本五十六の戦争』（毎日新聞出版、二〇一八年）
星亮一『果断の提督　山口多聞―ミッドウェーに消えた勇将の生涯』（光人社ＮＦ文庫、二〇一六年）
松島慶三『太平洋の巨鷲　山本五十六』（共同出版社、一九五三年）

山口宗敏『父・山口多聞―空母「飛龍」の最後と多聞「愛」の手紙』（光人社、二〇〇二年）
山本元帥編纂会編『噫山本元帥』（文藝春秋社、一九四四年）

（英語）

Ken Gewertz, "History of the Japanese at Harvard", *The Harvard Gazette* (February 26, 2004) (https://news.harvard.edu/gazette/story/2004/02/history-of-the-japanese-at-harvard/, accessed June 6 2020)
Primus V, "Lessons in Surprise", *Harvard Magazine* (July-August 2010) (https://www.harvardmagazine.com/2010/07/lessons-in-surprise, accessed July 6 2020)
Seymour Morris Jr., *American History Revised: 200 Startling Facts That Never Made It into the Textbooks* (Portland: Broadway Books, 2010)

あとがき

小川原正道『小泉信三―天皇の師として、自由主義者として』（中公新書、二〇一八年）
小川原正道「小泉信三の福沢諭吉論」（『法学研究』第九三巻五号、二〇二〇年五月）
小川原正道『福沢諭吉―「官」との闘い』（文藝春秋、二〇一一年）
小川原正道「福沢諭吉における『独立』」（『大分県立歴史博物館研究紀要』第一九号、二〇一九年三月）

金子堅太郎「明治四年渡米後 懐旧録」（高瀬暢彦編『金子堅太郎自叙伝』第一集、日本大学精神文化研究所、二〇〇三年）

楠茂樹・楠美佐子『昭和思想史としての小泉信三―民主と保守の超克』（ミネルヴァ書房、二〇一七年）

慶應義塾編『慶應義塾百年史』下巻（慶應義塾、一九六八年）

慶應義塾編『福沢諭吉全集』第四巻（岩波書店、一九七〇年）

小泉信三『小泉信三全集』第一一巻（文藝春秋、一九六七年）

小泉信三『小泉信三全集』第二一巻（文藝春秋、一九六八年）

小泉信三『小泉信三全集』別巻（文藝春秋、一九七〇年）

昆野和七「昨秋以来の福沢論―福沢諭吉関係文献紹介」（『三田評論』第五三四号、一九四二年五月）

高橋誠一郎「独立自尊主義―就任のあいさつ」（『文部時報』第八三七号、一九四七年二月）

徳富猪一郎「蘇翁漫談」（『言論報国』第二巻三号、一九四四年三月）

富田正文「戦時の塾長として―徳富蘇峰との対決」（『泉』第一一号、一九七六年一月）

羽仁五郎「福沢諭吉―人と思想の研究」（『中央公論』第六一巻一号、一九四六年一月）

丸山眞男「福沢に於ける『実学』の転回―福沢諭吉の哲学研究序説」（『東洋文化研究』第三号、一九四七年三月）

小川原正道（おがわら　まさみち）

慶應義塾大学法学部教授。1976年、長野県生まれ。2003年、慶應義塾大学大学院法学研究科政治学専攻博士課程修了。博士（法学）。慶應義塾大学准教授などを経て、2013年より現職。著書に『福沢諭吉―「官」との闘い』、『西南戦争―西郷隆盛と日本最後の内戦』、『小泉信三―天皇の師として、自由主義者として』、『近代日本の戦争と宗教』など。

文春新書

1334

明治日本《めいじにほん》はアメリカから何《なに》を学《まな》んだのか
米国《べいこく》留学生《りゅうがくせい》と『坂《さか》の上《うえ》の雲《くも》』の時代《じだい》

2021年11月20日　第1刷発行

著　者　小川原　正　道
発行者　大　松　芳　男
発行所　株式会社　文　藝　春　秋

〒102-8008　東京都千代田区紀尾井町3-23
電話（03）3265-1211（代表）

印刷所　大日本印刷
製本所　大口製本

定価はカバーに表示してあります。
万一、落丁・乱丁の場合は小社製作部宛お送り下さい。
送料小社負担でお取替え致します。

ISBN978-4-16-661334-2

文春新書のロングセラー

樹木希林
一切なりゆき
樹木希林のことば

二〇一八年、惜しくも世を去った名女優が語り尽くした生と死、家族、女と男……。ユーモアと洞察に満ちた希林流生き方のエッセンス

1194

中野信子
サイコパス

クールに犯罪を遂行し、しかも罪悪感はゼロ。そんな「あの人」の脳には隠された秘密があった。最新の脳科学が解き明かす禁断の事実

1094

橘　玲
女と男　なぜわかりあえないのか

単純な男性脳では、複雑すぎる女性脳は理解できない！　「週刊文春」の人気連載「臆病者のための楽しい人生１００年計画」を新書化

1265

ジャレド・ダイアモンド　ポール・クルーグマン　リンダ・グラットンほか
コロナ後の世界

新型コロナウイルスは、人類の未来をどう変えるのか？　世界が誇る知識人六名に緊急インタビュー。二〇二〇年代の羅針盤を提示する

1271

立花　隆
知の旅は終わらない
僕が３万冊を読み１００冊を書いて考えてきたこと

立花隆は巨大な山だ。政治、科学、歴史、音楽……、万夫不当の仕事の山と、その人生を初めて語った。氏を衝き動かしたものは何なのか

1247